岱山渔民谢洋节

岱山渔民谢洋节

总主编 金兴盛

浙江省非物质文化遗产代表作丛书

浙江摄影出版社

张坚 邱宏方 编著

总　序

中共浙江省委书记
省人大常委会主任　夏宝龙

　　非物质文化遗产是人类历史文明的宝贵记忆，是民族精神文化的显著标识，也是人民群众非凡创造力的重要结晶。保护和传承好非物质文化遗产，对于建设中华民族共同的精神家园、继承和弘扬中华民族优秀传统文化、实现人类文明延续具有重要意义。

　　浙江作为华夏文明发祥地之一，人杰地灵，人文荟萃，创造了悠久璀璨的历史文化，既有珍贵的物质文化遗产，也有同样值得珍视的非物质文化遗产。她们博大精深，丰富多彩，形式多样，蔚为壮观，千百年来薪火相传，生生不息。这些非物质文化遗产是浙江源远流长的优秀历史文化的积淀，是浙江人民引以自豪的宝贵文化财富，彰显了浙江地域文化、精神内涵和道德传统，在中华优秀历史文明中熠熠生辉。

　　人民创造非物质文化遗产，非物质文化遗产属于人民。为传承我们的文化血脉，维护共有的精神家园，造福子孙后代，我们有责任进一步保护好、传承好、弘扬好非物质文化遗产。这不仅是一种文化自觉，是对人民文化创造者的尊重，更是我们必须担当和完成好的历史使命。对我省列入国家级非物质文化遗产保护名录的项目一项一册，编纂"浙江省非物质文化遗产代表作丛书"，就是履行保护传承使命的具体实践，功在当代，惠及后世，有利于群众了解过去，以史为鉴，对优秀传统文化更加自珍、自爱、自觉；有利于我们面向未来，砥砺勇气，以自强不息的精神，加快富民强省的步伐。

党的十七届六中全会指出，要建设优秀传统文化传承体系，维护民族文化基本元素，抓好非物质文化遗产保护传承，共同弘扬中华优秀传统文化，建设中华民族共有的精神家园。这为非物质文化遗产保护工作指明了方向。我们要按照"保护为主、抢救第一、合理利用、传承发展"的方针，继续推动浙江非物质文化遗产保护事业，与社会各方共同努力，传承好、弘扬好我省非物质文化遗产，为增强浙江文化软实力、推动浙江文化大发展大繁荣作出贡献！

（本序是夏宝龙同志任浙江省人民政府省长时所作）

前 言

浙江省文化厅厅长　金兴盛

　　国务院已先后公布了三批国家级非物质文化遗产名录，我省荣获"三连冠"。国家级非物质文化遗产项目，具有重要的历史、文化、科学价值，具有典型性和代表性，是我们民族文化的基因、民族智慧的象征、民族精神的结晶，是历史文化的活化石，也是人类文化创造力的历史见证和人类文化多样性的生动展现。

　　为了保护好我省这些珍贵的文化资源，充分展示其独特的魅力，激发全社会参与"非遗"保护的文化自觉，自2007年始，浙江省文化厅、浙江省财政厅联合组织编撰"浙江省非物质文化遗产代表作丛书"。这套以浙江的国家级非物质文化遗产名录项目为内容的大型丛书，为每个"国遗"项目单独设卷，进行生动而全面的介绍，分期分批编撰出版。这套丛书力求体现知识性、可读性和史料性，兼具学术性。通过这一形式，对我省"国遗"项目进行系统的整理和记录，进行普及和宣传；通过这套丛书，可以对我省入选"国遗"的项目有一个透彻的认识和全面的了解。做好优秀传统文化的宣传推广，为弘扬中华优秀传统文化贡献一份力量，这是我们编撰这套丛书的初衷。

地域的文化差异和历史发展进程中的文化变迁，造就了形形色色、别致多样的非物质文化遗产。譬如穿越时空的水乡社戏，流传不绝的绍剧，声声入情的畲族民歌，活灵活现的平阳木偶戏，奇雄慧黠的永康九狮图，淳朴天然的浦江麦秆剪贴，如玉温润的黄岩翻簧竹雕，情深意长的双林绫绢织造技艺，一唱三叹的四明南词，意境悠远的浙派古琴，唯美清扬的临海词调，轻舞飞扬的青田鱼灯，势如奔雷的余杭滚灯，风情浓郁的畲族三月三，岁月留痕的绍兴石桥营造技艺，等等，这些中华文化符号就在我们身边，可以感知，可以赞美，可以惊叹。这些令人叹为观止的丰厚的文化遗产，经历了漫长的岁月，承载着五千年的历史文明，逐渐沉淀成为中华民族的精神性格和气质中不可替代的文化传统，并且深深地融入中华民族的精神血脉之中，积淀并润泽着当代民众和子孙后代的精神家园。

岁月更迭，物换星移。非物质文化遗产的璀璨绚丽，并不意味着它们会永远存在下去。随着经济全球化趋势的加快，非物质文化遗产的生存环境不断受到威胁，许多非物质文化遗产已经斑驳和脆弱，假如这个传承链在某个环节中断，它们也将随风飘逝。尊重历史，珍爱先人的创造，保护好、继承好、弘扬好人民群众的天才创造，传承和发展祖国的优秀文化传统，在今天显得如此迫切，如此重要，如此有意义。

非物质文化遗产所蕴含着的特有的精神价值、思维方式和创造能力，以一种无形的方式承续着中华文化之魂。浙江共有国家级非物质文化遗产项目187项，成为我国非物质文化遗产体系中不可或缺的重要内容。第一批"国遗"44个项目已全部出书；此次编撰出版的第二批"国遗"85个项目，是对原有工作的一种延续，将于2014年初全部出版；我们已部署第三批"国遗"58个项目的编撰出版工作。这项堪称工程浩大的工作，是我省"非遗"保护事业不断向纵深推进的标识之一，也是我省全面推进"国遗"项目保护的重要举措。出版这套丛书，是延续浙江历史人文脉络、推进文化强省建设的需要，也是建设社会主义核心价值体系的需要。

在浙江省委、省政府的高度重视下，我省坚持依法保护和科学保护，长远规划、分步实施，点面结合、讲求实效。以国家级项目保护为重点，以濒危项目保护为优先，以代表性传承人保护为核心，以文化传承发展为目标，采取有力措施，使非物质文化遗产在全社会得到确认、尊重和弘扬。由政府主导的这项宏伟事业，特别需要社会各界的携手参与，尤其需要学术理论界的关心与指导，上下同心，各方协力，共同担负起保护"非遗"的崇高责任。我省"非遗"事业蓬勃开展，呈现出一派兴旺的景象。

"非遗"事业已十年。十年追梦，十年变化，我们从一点一滴做起，一步一个脚印地前行。我省在不断推进"非遗"保护的进程中，守护着历史的光辉。未来十年"非遗"前行路，我们将坚守历史和时代赋予我们的光荣而艰巨的使命，再坚持，再努力，为促进"两富"现代化浙江建设，建设文化强省，续写中华文明的灿烂篇章作出积极贡献！

2013年11月20日

目录

　　"靠山吃山，靠海吃海"，在烟波浩渺的东海大洋舟山群岛中，祖祖辈辈以渔为业的岱山渔民，利用家门口岱衢洋等渔场的天然资源，捕鱼捉蟹，网虾捡螺，获取丰盛的生猛海鲜。无奈旧时渔民简陋落后的讨海工具难以抵御破坏力极强的自然灾害，在变幻莫测的风暴潮汐等大自然律动面前，时常发生船毁人亡的惨剧。

　　谁是制造悲剧的元凶？先祖的原始认知是东海龙王。传说中的东海龙王是天庭玉帝敕封的统管东海的海中之王，拥有呼风唤雨的超凡本领，每当耳闻目睹无数虾兵蟹将、龙子龙孙被渔人俘获，他便大发神威，一通狂风暴雨摧枯拉朽，要了渔人的性命……于是，渔人对龙王产生了既充满憎恨又极度恐惧的敬畏心理，每逢新船下水、渔船开洋、拢洋、渔汛结束谢洋等重大日子，都要向龙王呈献五牲福礼、山珍海味，以民间最高规格来取悦龙王，求得宽恕与恩赐，避祸趋福。久而久之，便形成了"出海祭龙王、谢洋祭龙王、求雨祭龙王"的龙王信仰，千百年来代代相传。

　　在渔民心目中，龙王性情暴烈、喜怒无常，渔人稍有不慎便会遭受惩罚。因此,渔民们又寄希望于佛祖、观音、天后妈祖、船关老爷等神灵,愿他们暗中相助,保佑平安,逢凶化吉。

2005年6月东海休渔之际,岱山县举办了首届中国海洋文化节、祭海谢洋大典,千余名渔民兄弟进香献礼,载歌载舞,古老的祭海习俗注入了崭新的时代内涵,在感恩龙王、祈求平安、祈盼丰收的传统理念基础上增添了养海护海、人海共荣的崭新主题,演绎了一出人与自然和谐对话的现代祭海风情剧。至今,中国海洋文化节已经成功举办了八届,以谢洋祭海为核心内容的祭祀仪式配以精彩纷呈的文化艺术活动,延续了岱山民间的谢洋习俗,形成了独具海洋民俗特色的渔民谢洋节,成为当代岱山渔民愉悦精神、享受生活、传递情感的渔家狂欢节。

岱山渔民谢洋节,展示了讨海谋生的岱山渔民敬重自然、热爱生命、向往美好生活的朴实情怀,传承了谢洋祭海的古朴民俗,激活了人们对岱衢洋那段曾经辉煌历史的美好回忆,也引发了人们对于如何保护急剧衰退的海洋资源的深度思考!

岱山渔民谢洋节概述

谢洋，意为海上渔汛结束后渔民告别捕捞洋地、渔船靠岸、回家休憩的休渔行为，这一时期，人们尽情娱乐，气氛热烈，成为渔民欢庆的节日。

岱山渔民谢洋节概述

岱山谢洋祭海大典

　　谢洋，舟山渔区专用词，意为渔民在渔汛结束后告别洋地、渔船拢岸、渔人回家的休渔行为。"谢"的原意是指告辞、告别，又包含感谢之意，与"谢年"中的"谢"字相仿。"洋"泛指海洋，是渔民进行捕捞作业的渔场，当地俗称"洋地"。岱山渔民捕鱼分四个汛期，第一汛是农历一月到四月，第二汛是农历五月到六月，第三汛是农历七月到八月，第四汛是农历九月到十二月。两个汛期的间隙是渔人们整修工具、集结人员、迎接下一个汛期的休整时期，岱山渔民把这个时期命名为"谢洋"。

在四个汛期中，尤以第二汛为重，即岱衢洋所特有的大黄鱼汛。渔谣曰："欠债如牛毛，海水值一潮。"就是说只要抓住第二汛就发达了。这个汛期结束之后，渔民们满载而归，收获了一年中最为丰硕的成果，因而第二汛过后的谢洋是庆祝气氛最浓重的一次，渔民称为"大谢洋"。

最初的谢洋并没有节日的概念，只是渔人回家和亲人团聚的时刻，但是由于海上的生活艰苦而枯燥，又面临着生死的考验，因此一

渔船上的谢洋祭海仪式

旦回到陆上，渔民心中郁积已久的欲望就通过谢洋时期的活动释放出来了。在夏季"大谢洋"时节，渔人们尽情地娱乐，家人也参与其中。岛上的渔人作为一个整体，不约而同地举行着相似而又气氛热烈的活动，活动范围覆盖整岛，因而整个岛上的欢乐气氛无异于过节，"谢洋"就变成了渔民自己的节日——谢洋节。

渔民谢洋节荟萃了海岛渔民传统习俗和民间文学艺术，凝聚了渔民的智慧，富有舟山海洋地域特色和民俗风情，因此深受当地民众的喜爱。

[壹]渔汛、谢洋与祭海习俗

舟山渔场传统的夏汛谢洋期，渔民俗称大谢洋。

何谓夏汛？民国《岱山镇志》载：至岱山渔汛，最旺之时在每年农历四五月之交，谓之大渔汛（土音呼曰洋生）。自立夏日起，至夏至日止，始终约五十余日。……所谓"大鱼厂"者，须先于上年秋冬之间预备如"放桁头"、雇工人、定"劈手"等等，至次年立夏日开市，至六月廿三日止，谓之"大谢洋"。

谢洋期渔船回港泊岸

农历夏至日

民国《岱山镇志》

后，岱衢洋大黄鱼产卵结束，鱼群消散；到农历六月廿三后，大部分大黄鱼迁徙他乡，只有少量留在岱衢港一带，成为老港黄鱼，下网捕捞收获寥寥无几，渔民进入了真正意义上的"大谢洋"。岱山民间有"六月廿三大谢洋"和"糙麻蜡烛香，廿三回转洋"之说。

农历"六月廿三"，与《定海县志》记载的"季夏"，在时间上是差不多的；但对于"谢洋"或"大谢洋"定义的界定，同属舟山市的定海与岱山却不一样了。

民国年间编纂的《定海县志·方俗志》载，渔民于季夏在各海山举办的迎神赛会，称为"谢洋"。而《岱山镇志》则是把一年中最大的一次渔汛结束之时称为"大谢洋"。两种记载，说法不一，是否有矛盾呢？

　　要解释这一定义，有一个人非常重要——汤浚。汤浚（1864—1936），字尔规，别号遁庵居士，生于清同治三年，世居岱山东沙镇新道头，岱山人尊称其为汤浚先生、拔贡老爷。宣统元年（1909），清廷循例开科取士，汤浚以拔贡全国第一名而列榜首。钦授征仕郎，试用江西直隶州州判，不到半年辞官还乡。

　　汤浚是民国《定海县志》修志局的主编。在民国《定海县志》的附记开头有一段文字：编纂《定海县志》之材料，除由调查所得及采诸《光绪厅志》外，多取资于民国十年所修之《定海厅志校补》、

渔家在船头谢洋祭龙王

《定海厅续志》、《定海县续志》、《定海县新志》四书，原书校修为吴兴钱崇绮、本县汤浚、王昌科、孙尔瓒……而汤浚又是《岱山镇志》的唯一编纂者。

所以，既说渔人所举办的迎神赛会为"谢洋"，又说"六月廿三止"的渔汛结束期为"谢洋"，汤浚在两部志书中所下的定义应该非常清楚，只是岱山的谢洋是时间概念，而定海的迎神赛会是谢洋期间的一种活动形式，两者并不矛盾。

"谢洋"既是渔汛结束，又是渔汛结束后所举办的种种祭祀活动和文化娱乐活动，后者构成了渔民谢洋节的总体形式与内容。

进入谢洋节后，渔家的第一要务就是举行谢洋祭海仪式。

谢洋祭海仪式一般以渔船或家庭为单位，杀猪宰羊、置酒备菜，在龙王宫庙或渔船上进行，以感谢龙王恩赐，庇护渔人满载而归，同时祈祷下一个渔汛时平安顺利、逢凶化吉，鱼群旺发，生意兴隆。

在神庙祭祀的一般为家境富裕的大户人家或生意兴隆的老板、船东，谢洋节前早已与庙祝约定。因为日子与时辰的关系，加上神庙供桌数量紧张，多数渔民祭祀龙王便在船上或海边进行了。

谢洋祭海结束，了却了渔民最大的心事，他们便进入了一年中最自由、最充满情趣的休闲娱乐时节。在此期间，生意好的船东或商家便请戏班子在庙宇唱谢洋戏，渔民可随意进场欣赏。庙里戏台上，生旦净末丑做念唱打悲欢离合动人心魄；庙外，商铺地摊早市夜市人声鼎沸，土产特产吃穿玩用摆满四周。那些卖梨膏糖的、耍杂技的、说书的、测字看相的、卖狗皮膏药的各类商贩也纷纷登场，各显其艺，引得渔村男女老少纷至沓来，自然而然形成了一个繁华异常的文化商贸集市。在那里，白昼黑夜的吆喝声、讨价还价声、顽童的嬉戏声此起彼落，窄小的弄堂熙熙攘攘，煞是热闹。终年在大海里过着单调而寂寞生活的渔民此时如鱼得水，按照自己的喜好尽情地吃喝玩乐，一饱眼福耳福口福。

渔民祭海感恩

谢洋节后期临近秋汛时，民间还要举行集祭祀、娱乐于一体，熔戏剧、曲艺、音乐、舞蹈和造型艺术于一炉的迎神赛会。

据有关资料介绍，岱山的迎神赛会分合境大会、分片中会和单

民间谢洋祭海场景

庙小会三种。大会四年一届，以闰年为多，持续三天，以司基东岳宫为中心，由玄檀庙等六庙之神出殿陪同东岳大帝巡游全境；中会由高亭片三庙联办，以高显庙为中心，届期与大会相同，由东岳大帝之"替身"驾幸同游，持续两天；小会以东沙都神殿和闸口崇福庙单庙举办，会期一天。

宁波象山渔民同有谢洋习俗，故引述当代《东门岛志·渔岛风俗》中关于谢洋的记载：

渔村庙会。旧时，正月初五至十四，岛上城隍庙、天妃宫、王将军庙均要演春节庙戏。每年农历三月廿三（妈祖诞生日）是张网汛期开始，全岛大捕船都要上岱山东沙角洋面张网作业。因此每只船都要到天妃宫供拜，举行庙会。同时，邀剧团演庙戏三天三夜，祈祷出洋生产安全、产量丰收。船只离岸，鞭炮、锣鼓喧天，船上红旗招展。家人在岸上送行，海岸上人群层叠成山，喊声响彻云霄，直至船只离港远去。

农历六月二十三日，是北洋张网生产结束、所有船只回东门到家的日子。东门道头岸上，喜迎亲人归来，妻子笑，孩子跳，热闹非凡。有的到庙里给菩萨还愿进香，又要邀剧团演戏还愿，俗称"谢洋戏"、"还愿戏"，又是一个庙会的欢庆时刻。

秋汛到了，渔民们将生产及生活之物运往渔船，又将告别家人

驶向大海洋地，开始新的海洋捕捞生产。此去是祸是福，不得所知，于是开船赴洋之前，又杀猪宰羊置酒备菜，举行开洋祭海仪式，祈祷龙王及诸神灵保佑……

[贰]谢洋祭海的历史渊源

春秋战国时，岱山为越国甬东地；秦汉时，属鄞县；隋代，属会稽郡句章县；唐代，先后隶属鄞州、鄮县。岱山岛又名蓬莱岛，为神话传说中的三仙山之一。南宋乾道五年（1169）编纂的《四明图经》载：

蓬莱山，在县东北四百五十里，四面大洋。耆旧相传，秦始皇遣方士徐福入海求神仙灵药，尝至此。按，孙绰《天台赋》云："登陆则

高亭镇鸟瞰

四明、天台，入海则方丈、蓬莱。"岂其所乎？

唐开元二十六年（738），舟山群岛置翁山县，岱山以蓬莱乡属之。此后，舟山群岛于宋熙宁六年（1073）建昌国县，元代置昌国州，岱山一直以蓬莱乡属之，直至明洪武九年（1376）的岛民大迁徙。经过175年后，至明嘉靖四十年（1561），浙东一带倭患渐息，岱山又逐渐有人定居。至清顺治十四年（1657），再遭朝廷强迁。直至康熙二十七年（1688），海禁解除，岱山岛终于可以合法居住，设蓬莱乡，属定海县。1949年8月，岱山建瀚州县。1950年5月，瀚州县废。1953年4月，建岱山县至今。

东海龙王塑像

岱山岛先民认为世间万物都有神灵存在，只是生存在不同的空间，凡人肉眼看不见而已。神灵各辖其界，各司其职，精通法术，神通广大，为人类所不能及。如果和平相处，神灵

东海龙王神位

能给人类带来福祉；一旦触犯神灵利益，则会招来种种灾难，后果不堪设想。

在渔人心目中，与他们最有利益冲突的神灵是谁呢？是东海龙王。

龙王，道教神祇之一，源于古代龙神崇拜和海神信仰。传说龙为虎须鬣尾，身长若蛇，有鳞若鱼，有角仿鹿，有爪似鹰，能走能飞，能大能小，能隐能现，能翻江倒海，吞风吐雾，兴云降雨。自古传说龙王是天宫玉皇大帝所封、管理海洋的神，掌管海洋中的生灵，在人间司风管雨，因此在水旱灾频发的地区常被崇拜。

掌管四方之海的是四海龙王。舟山群岛传说中的四海龙王一般是指东海敖广、西海敖钦、南海敖润、北海敖顺。东海龙王龙族庞大，光龙子就有九个，龙女有十个，旁系龙族则无法统计，虾兵蟹将更是不计其数。除东海龙王住在水晶宫里，小龙王可以存在于一切水域中。

海岛上的渔民因生活资源缺乏，祖祖辈辈只凭下海捕鱼养家糊口。据有关资料记载，公元3世纪前后（东汉后期至西晋初期），岱山渔民已在海边滩涂及近海进行小型捕捞作业，按民间的说法就是向东海龙王讨口饭吃。但这口饭不是太好吃——总有海中水族及神灵怪渔人不守规矩，侵犯龙王领地，还抓捕龙王子民，使水族损失惨重，就经常向龙王奏本告状。龙王闻奏，自然心生怒气，于是调兵遣将，呼风唤雨，翻江倒海，神威大发，惩罚渔民。渔民轻则伤身，重则丧命，或有兄弟父子同船者则遭灭顶之灾，弄得家破人亡，妻离子散……

渔人深知龙王威力无比，不是"好吃芋艿"，不是好惹的主，只好想方设法与龙王搞好关系，让龙王高兴，以期出海顺利、生意兴隆。于是，众人募捐集资在村口岙里建造规模不大的龙王庙，并选择出海之前、谢洋之后、龙王生日等时机，用五牲福礼、荤素佳肴向龙王献彩供奉。久而久之，就形成了"出海祭龙王、丰收谢龙王、求雨靠龙王"的龙王崇拜、龙王信仰习俗。

舟山民间祭祀龙王及海神，一方面受神话传说的影响，祖辈所授、子孙所承，另一方面也受官府祭龙王的影响。

历史上，舟山群岛祭海分公祭与民祭两大体系。所谓公祭，指的是历代官府奉旨在龙王宫举行盛大的祭海典礼；民祭，则是渔民在开洋前、谢洋后在龙王宫或渔船上进行的祭祀龙王及海神的活动。参与人群泾渭分明，截然不同。

公祭由朝廷命官主祭，有志书记载，有据可查。隋炀帝大业六年（610），骠骑将军陈稜奉命伐琉球国（今台湾）。航海过程中，遇雾漂泊至岱山岛东北岙口，杀白马祭海，留下了"刑马礁"古迹。（见元大德《昌国州图志》、清康熙《定海县志》、民国《定海县志》和《岱山镇志》）。

又据《唐书·礼乐志》记载，唐时已制定了祭四海龙王制度。宋、元沿袭唐制。据传宋建炎三年（1129）十二月二十七日，南宋高宗皇帝搭乘御舟赴岱山一带避难，曾于泥螺山上的古祭台祭告天地、大海，祈求社稷安宁（见清光绪《定海厅志》、当代《文史天地》）。

南宋时期，有官方公祭龙王的活动。宋乾道五年（1169），孝帝下诏在舟山公祭东海龙王。嗣后，每年六月初一为公祭龙王日。

清康熙年间，朝廷公祭龙王到达鼎盛期，仅康熙帝的祭文就有八篇，并御书"万里波澄"匾额赐舟山的东海龙王宫。雍正三年

岱山东沙小岭墩水晶宫里的东海龙王塑像

（1725），皇帝诏封东海龙王为"东海显仁龙王之神"，两年后下旨祭龙王："龙王散布霖雨，福国祐民，复造各省龙神大小二像，命守土大臣迎奉，礼仪与祭南海庙同。"

清康熙二十七年（1688）后，由于官府公祭频繁，民间竞相仿效，大兴捐资建造龙王宫（庙、殿）、天后宫（妈祖庙）等海神宫庙之风，更有把其他庙宇改建为龙王庙之举。清光绪《定海厅志》中出现"一村呑一座龙王宫、一村呑五座龙王宫"的崇龙盛况。自明、清至今，岱山境内有龙王庙、龙王殿、龙宫13处，龙潭5处，以龙为名的山、礁等地名18处。单从这些历史遗存中，就可看出岱山渔民对龙王的普遍崇拜。

渔人祭龙王及海神并非随意，必须选择适当的时机，使祭祀达到最佳效果，否则就会事倍功半。于是，新船下水、渔船开洋、谢洋等重大节日便成了渔家祭海的最佳时节。各船主视家底厚薄、经济实力强弱，在龙王宫或渔船上举行不同规格的祭海谢龙王仪式。船东若拥有多条渔船，则各船同时祭龙王。此祭海仪式相沿成俗，村村呑呑，相传相承。渔民每日还在渔船上的船官老爷神龛前供奉茶水及糕点、水果，进行祭拜。

据岱山高亭镇老渔民郑野弯、刘阿久等人回忆，他们从小就看到过祖辈父辈在龙王宫、渔船上祭龙王的场面，并且经常随大人在船上吃"谢龙水酒"。这些柯鱼团十四五岁下海捕鱼后，也按照老辈

谢洋供品

传下来的规矩祭海，直至新中国成立前。

东沙镇西沙角老渔民刘品良介绍，他们祖祖辈辈相信海龙王，崇拜海龙王，祖上在清康熙年间"海禁"开禁后从大陆迁到西沙角，就在村口造了一座龙王宫，至今已有几百年的历史了。每次渔汛出海前及谢洋后，人们都要到龙王宫供奉谢恩，从未间断。祭拜也很讲究，要按照拜佛形式进行。祭祀结束，领走三角令旗，插到船上，以保平安、夺丰收。

家住东沙镇生产岙的张永富说，一般开洋、谢洋时一定要上供，有时在洋面上也要供对鱼。供好后，把碎鱼、肉、菜拌酒抛入海中，感谢龙王或其他海神。另外，东沙还有一种特有的习俗：渔船

接受平安旗

渔民拜谢龙王

渔嫂接受平安旗

谢洋后，长元要带着第一网捕上来的两条大黄鱼去东沙角羊府宫祭祀羊府大帝，供祭时还要用整只鹅或猪头，另加荤素菜若干碗，感谢大帝保佑。

新中国成立后，渔区经历了"渔改"（类同"土改"）、"四清"、"文化大革命"等运动的严峻考验，祭海曾被作为封建迷信活动遭受取缔，但仍有渔民在悄悄进行。直到20世纪80年代改革开放后，祭海之俗才有所恢复。进入21世纪后，随着国家相关政策的调整，祭海风俗公开化。

目前，在岱山一些传统渔村——如东沙镇西沙角，高亭镇高亭一村、山外村，岱东沙洋村、龙头村，长涂长西渔业村，衢山岛沙龙岙等地——渔民们依然保留着淳朴的祭海风俗，每逢谢洋必定举行祭海仪式，成为渔家特有的传统节日。

[叁]环境资源与谢洋祭海

岱山县是浙江省舟山群岛中部的一个海岛小县、海洋大县，隶

高亭港

属浙江省舟山市。南部海域与舟山本岛的定海、普陀两区接壤，北部海域与嵊泗县相邻，西部海域连宁波慈溪市，西北达上海，东连中街山列岛。全县总面积5242平方千米，其中陆域面积仅326平方千米，由404个大小岛屿组成，岱山、衢山、大小长涂、秀山、渔山等16个岛屿为住人岛。岱山岛在舟山群岛1300余座岛山中，以260余平方千米的陆地面积名列第二。

　　岱山县是长江、钱塘江、甬江等三江流入东海的交汇处，江水中含有大量的有机质和各种营养盐，十分适合海洋鱼类的生长、繁殖。岱山所处海域为太平洋西岸的我国东海海域，我国最大渔场舟山渔场环抱岱山，四周有岱衢洋、黄大洋、黄泽洋、灰鳖洋四个传统渔场。岱山海产资源十分丰富，约有鱼类124种、贝类77种、虾蟹甲壳类67种、藻类15种，盛

岱衢洋盛产大黄鱼

产大黄鱼、小黄鱼、带鱼、乌贼四大经济鱼类，尤以岱衢洋大黄鱼最负盛名。

据岛上考古发现，早在新石器时代，岱山、衢山两岛就有人类繁衍生息。三国、西晋时期，岱山先民开始讨海谋生。《岱山县志》（1994年版）记载："公元三世纪，已用竹簖、布网等工具，围捕、拦截鱼虾，单人不能进行时，一般以父子兄弟等家庭成员组成作业单位，形成家庭渔业。在沿岸捕捞及近海生产中，二至三人小木船作业，长期沿袭。"

宋代以后，人口不断增加，生产力不断发展，出现了较大的船网工具，捕捞生产规模日渐扩大，海洋渔业资源异常丰富。南宋乾道五年编修的《四明图经·昌国县》所载的海产品中，水族之品有鲈鱼、石首鱼、鲸鱼、春鱼、鲍鱼、鲳鳜、比目鱼、带鱼、鳗、华脐

鱼、鲟鳇鱼、乌贼、章鱼、鳖鱼、箭鱼、鲨鱼、银鱼、白鱼、梅鱼、火鱼、短鱼、魟鱼、地青鱼、竹夹鱼、鲫鱼、马鲛鱼、鲻鱼、吹沙鱼、泥鱼、箬鱼、黄滑鱼、吐哺鱼、阑胡、蛏蚱、蚜、螃蟹、彭越、蚌、海月、虾、鲎、蛤、淡菜、蛎房、江珧、螺、车螯、蛤蜊、蛏子、蚶子、龟脚、蚬、肋子、沙嗅等。

小黄鱼

宋代昌国县令王存之撰写的《隆教院重修佛殿记》载，昌国居民濒海者，以鱼盐为生。其中捕网海物，残杀甚多，腥污之气，溢于市井，涎壳之积，厚于丘山。

带鱼

宋宝庆《四明志》载，滨海之民业网罟舟楫之利。三四月，业海人每以潮汛竞往采之，曰洋山鱼，舟人连七郡出洋取之，多至百万（原文如此，疑为上

鲳鱼

梭子蟹

万)艘。

元大德《昌国州图志》"物产"一节中记述海洋水产资源56种，如大黄鱼、小黄鱼、带鱼、乌贼、鲳鱼、鳗鱼、鲵鱼、马鲛鱼、章鱼、海蜇（水母）、赤虾、淡菜、蛏子、弹涂、白蟹等。

《定海厅志》对所列鱼类的形态、汛期和用途都作了简要介绍，如"石首鱼"一栏说：尾鬐皆黄，一名黄鱼，首有二枕骨在脑户中，其坚如石，故以名之。冬月者佳，名报春，三月者名鲅。八月者次之，名桂花石首，至四五月，名黄鱼，出"北洋"（指岱衢洋），每至夏至，渔人竞集网捕，谓之渔讯。凡三汛，至五月中方散。

在作业渔场方面，多数在沿岸近海渔场，少数渔船已去江苏省吕泗洋渔场用流刺网捕鳓鱼，甚至远至琉球、对马海域流捕铜盆鱼（鲷）、金线鱼、青、黄鳄（鲐鱼等）。在渔获物利用方面，除用盐腌制外，渔民掌握了更多的加工方法，如将大黄鱼加工为白鲞、鱼胶，将乌贼加工成螟蜅鲞，其背骨称海螵蛸，可入药，贻贝煮熟为淡菜干，贝壳烧灰作粉可以涂壁，建造冰厂储冰以为保鲜之用，等等。

但是明太祖洪武四年（1371）和清世祖顺治十八年（1661）的两次"海禁"，使发达的浙江海洋捕捞业遭受严重的挫折。纵然如此，福建、浙江两省的渔民还是违禁聚集在岱衢洋，网捕舟山群岛四大水产中的大黄鱼、乌贼等。明末清初文学家、史学家张岱于崇祯十一年（1638）寓居普陀山，在《海志》中记载了他在夜晚亲眼所见莲花洋面捕带鱼的"钓船千艘",闻海盗船至"皆避入千步沙"的情景。

清康熙二十三年(1684),朝廷准许人们来舟山本岛定居。雍正末、乾隆初(1736年前后),岱山、衢山、长涂、秀山、金塘、六横、桃花、虾峙等岛陆续复垦。道光中后期(1838—1850),有一批福建小钓船到中街山列岛钓乌贼,此后,瑞安、鄞县等地渔民也来这里拖

小岛渔村民居石屋

捕乌贼，并次第定居下来，青浜、庙子湖、黄兴、东福山等岛遂成为渔村。

　　每年春夏汛来岱衢洋产卵索饵的大黄鱼，应该在千年乃至更早之前就生活于此了，它们仅在春夏季节游来，而在其他地方越冬。当人们发现这片海洋在夏汛"洋生"时有不计其数的金黄色的大黄鱼可以捕捞时，数以千计乃至万计的渔船和数以万计、十万计的渔人飞驰而来。象山《东门岛志·海洋渔业》载："宋元时，成批渔船在黄大洋、岱衢洋、大目洋捕捞大黄鱼、小黄鱼等。明代、清初'海禁'，仍

小舢板随处可见

捕捞于岛屿四周浅海、港湾。"

清雍正时，黄鱼旺产渔场逐渐外移到邻近东沙角洋面，东沙角也由原先本帮渔民的张网沙头，演变成开放性渔场。先是浙东镇海蟹浦、奉化桐照、象山东门、鄞县东乡的渔船进入，随后浙南台州、温岭、临海、玉环以及江苏、福建等沿海各省渔船相继转移至此渔场作业。

据《岱山镇志》载："至其居间交易者，则有鱼行。其在岸上设厂收鱼者，谓之鱼厂（俗称'做咸'），均

腌鱼用的落地桶

传统晒制黄鱼鲞

三抱咸鳓鱼

在东沙角一隅。有土客两帮，客帮多系镇海人，名曰老渔商，系租地设厂，亦有己业者，夏来冬归，近亦有长住者。土帮则系就地居民，在家设厂，名曰新渔商。其始，客帮居多，从前约有六七十家，近来逐渐减少，仅存二三十家。土帮则有七八十家，然大小不等。其大者或进货数百担至千余担，其小者或数十担，至最小者谓之饭桶，系临时凑合，仅一饭桶而已。其所谓大鱼厂者，须先于上年秋冬之间预备，如放桁头，雇工人，定劈手，等等。至次年立夏日开市，至六月廿三日止，谓之大谢洋。"大黄鱼产品种类，主要有三种："浑圆者曰瓜鲞，其鱼并不剖开，唯于正面上下横割二刀，将其鱼胶取出，再于背面直划一刀，故又名三刀头。此种鲞用盐腌渍两三日，取出晒干，上篓，运往杭州、绍兴、鄞县等地销售。其剖开者曰潮鲞，则运至乍浦及长江内地销售。又有曰老鲞者，则于伏天晒之，以十日为度，晒足收藏，至八九月间运至温州销售。总计每年出产合新老两帮，共约二万余件或至三万余件。然必视渔汛之丰歉，以定出品之多寡，其确数亦不能预计也。"

渔汛之际，东沙角、新道头两处渔人骤增，至二万余名。

至民国初年，岱衢洋黄鱼渔场得到进一步拓展，捕捞生产规模也进一步扩大。据统计，民国六年（1917），来东沙港的渔船计12601艘，渔民达82650人。20世纪50至60年代，岱衢洋仍然是舟山乃至浙江捕捞大黄鱼的主要渔场。据统计，1953年至1956年，每逢夏汛，进入岱衢洋作业的渔船均保持在4000艘至12000艘之间，渔民25000人至80000人之间，黄鱼产量在14000吨至40000吨之间。

随着岱衢洋渔场大黄鱼资源的旺发，岱山、衢山、长涂等岛屿的傍海渔民纷纷改装网具，调整作业形式，加入捕捞大黄鱼的行列。但由于浙南沿海渔船在20世纪50年代末和60年代中期两次盛行大规模黄鱼敲舟古作业，导致黄鱼资源被严重破坏，加上70年代初对未产卵"进港大黄鱼"的滥捕，使岱衢洋黄鱼资源进一步遭到破坏。尤其是自1974年起连续几年对江外渔场、舟外渔场的越冬大黄鱼进行大

起网

兵团作战式的围捕后,岱衢洋的大黄鱼资源从源头上遭受毁灭性剿杀。70年代中期起,外地来岱衢洋渔场的渔船逐年减少。至80年代,仅温州、台州沿海少数流网船来岱衢洋进行捕捞作业,也只流捕到少量的鳓鱼。1993年,岱衢洋的大黄鱼几乎绝迹。

　　人身安全与捕捞丰收永远是渔民期盼的主题。海岛风云变幻莫测,在海上渔船拥挤、岸上渔人杂居的特殊环境中,各类天灾人祸时常发生,轻则破财伤人,重则船毁人亡。当渔民生命财产的安全得不到保障时,祈求神灵保佑平安、丰收便成为必然的精神寄托。因此,本土渔民祭龙王、祭海神、求佛祖、求菩萨等活动频繁。

木帆船开赴渔场

在陆海文化交融、众多信仰交汇的特定职业、特定环境和特定的文化氛围中，依靠大海谋生的渔民仍然执着地守护着祖辈相传的龙王信仰。

[肆]歌谣谚语中的谢洋祭海

"夏至南风呼呼响，看侬谢洋勿谢洋？"这是一句从遥远的年代流传下来的舟山民间谚语。夏至是农历二十四节气之一，一年中，夏至这天的白天最长，故有"嬉嬉夏至日，眠眠冬至夜"之说。夏至后，岱衢洋中的大黄鱼如同候鸟一样迁徙他乡，渔汛落幕。

"南风呼呼响"——强劲的东南季风从远洋吹来，鼓张着的赭色风帆对于久离家乡的渔人充满了诱惑力。渔人们日夜在大海上，他们是那么想早日回家与妻儿老小团聚，享受天伦之乐，过上正常人的生活。但是东家——渔船的拥有者——不甘心，还想多柯几网。于是，渔人们借老天爷、借汛期来催促、调侃东家："夏至南风呼呼响，看侬谢洋勿谢洋？"你还不回家吗？捕鱼的汛期过了，呼呼响的南风都在说呒没鱼好柯了，侬即使有天大的本事，也是竹篮打水一场空，那侬还待在洋地里有何意义呢？这句话是渔人在茫茫大海上说的，特定的环境赋予了特定的含意。

民国《定海县志·渔盐》载，渔汛，约分四汛：第一汛一月至四月，为将旺未旺时期；第二汛五、六两月，为最旺时期；第三汛七、八两月，为最衰时期；第四汛九月至十二月，为次旺时期。由此来看，

"谢洋"的含义既有辞别春夏的渔汛期之意，又包含感谢在汛期中保佑渔人太平和丰收的龙王及诸神灵之意。

虽然一年之中除了春夏汛还有冬汛，但"谢洋"并不用于冬汛。这里的原因是：其一，夏天天气好；其二，海洋捕捞是先在岱衢洋捕大小黄鱼，而后才冬捕带鱼——"打冬"，那时有些渔民的渔船小、抗风能力差，他们是不赶冬汛的；其三，冬汛结束后有春节，即谢年，谢洋的内容可以为谢年所包容，因为渔民还有在船上谢年的习俗。就像对于战争凯旋的庆贺由后方的人们来安排一样，谢洋节也是陆上的人们为渔人安排的，然后渔人参与，成为节日的主人。

装备简陋的木帆船

《柯鱼山歌》是一首流传于象山一带的渔歌，《东门岛志》有收录，但也流传于岱山渔人中，因为这首渔歌是属于岱衢洋渔场的。歌中的生产生活场景，既有谢洋之后的，也有"开洋"之后的。开洋、捕捞、谢洋，即岸上、海

张网作业

上、岸上，也可以说是渔民生活和生产的轮回，终点又回到起点。

以下引用《拘鱼山歌》：

三月桃花树上红，

岱山拘鱼要屯东沙角。

郎哎——

侬燀船栲篷又血网，

开船拢洋在铁板沙，

央央猛猛半边篷，

侬要向盘把得准啦！

四月蔷薇立夏开，

生意勿好咋回来。

郎哎——

三水洋生未拘满，

岱山候拢大捕船。

开春天气黑如泥，

弄里弄面多注意哟！

五月石榴一点红，

夫郎仍然在岱山洋。

郎哎——

一季生意听天命,

我郎抲顶大捕网。

日拔网,夜抛椗,

讨饭田头找找潮啦!

六月荷花水上漂,

我夫抲鱼在别家。

郎哎——

六月蚊虫像恶霸,

人家提着灯笼早到家。

我郎还在捞鱼虾,

半夜三更未回家哟!

七月凤仙花儿开,

一季生意刚刚归。

郎哎——

蹩脚生意甭去做,

宁可河里摸蛳螺。

日在河,夜在家,

和和睦睦过日子啦!

歌谣中"三月桃花树上红,岱山抲鱼要屯东沙角",是指象山东门岛渔人刚经历了开洋仪式，告别亲人，来到岱衢洋渔场。"七月凤仙花儿开，一季生意刚刚归"，是写东门岛渔人谢洋开始或谢洋期间的生活。六月廿三要谢洋了，而东门岛的渔船还要从岱衢洋驶往象山港，对木帆船来说，风篷、木橹，水路长长，六月廿三、廿四乃至廿五、廿六起航，回到家乡，已是"凤仙花儿开"的七月，很符合实际。

歌谣中的男主人公在生产劳动中是比较失意的——海上的辛劳和风险收获无几，使妻子产生"蹩脚生意甮去做，宁可河里摸蛳螺"的慨叹。"摸蛳螺"是谁都可以从事的行业，只要拿一个盛器，脱了鞋子下河、下沟渠，就可以摸到蛳螺，拿蛳螺去卖钱，其收入是微薄的。妻子把渔民与"摸蛳螺"者作比较，并选择了"摸蛳螺"，是十分无奈的说法。

在岱山岛上延续数百年乃至上千年的祭海谢洋活动，其"祭"和"谢"的对象是茫茫岱衢洋，是那片对鱼儿来说饵料丰美、对人类来说宝藏无穷的东海大洋。有一首歌谣，名叫《砂锅弄洋生》，唱出了渔人为什么要感谢神灵：

采贝壳的渔人把小船停泊在礁石边

> 为了佘山洋，
>
> 砂锅也要弄洋生。
>
> 旗杆花花，一对烂船别人家。
>
> 柯得来，圣塘庙里做头台，
>
> 柯勿来，衢港底里待着不肯来。

"砂锅"，比喻没有资本的柯鱼人。他们租借了别人家"旗杆花花"的"一对烂船"，如果丰收（"柯得来"），就要出钱在圣塘庙里做"头台"戏——即首场演出，是最风光的事了；如果亏本（"柯勿来"），砂锅只好在"衢港底里"躲起来（"待着不肯来"），显然是躲债。

歌谣的首句"为了佘山洋"，话还没说完，为的是佘山洋大黄鱼、乌贼旺发，就如同淘金，所以，"砂锅"也要"弄洋生"（赶渔汛）了。

圣塘庙据说是虾峙岛上一座十分灵验的庙。"砂锅"如果捕捞丰收，就要谢洋了——答谢菩萨。

谢洋期间，也正是渔人打造新船的时候。新船下水，照例要庆贺，这时会有乞丐来唱《馒头词》：

> 青龙一到珠花开，
>
> 四海水将跟随来。

海神浪里迎朝圣，
风神驾云齐出迎。
大黄鱼，小黄鱼，
跳进木龙变黄金。
大带鱼，小鲳鱼，
钻进网眼变白银。
海蜇姑娘撑雨伞，
乌贼骨头进药店。
青蟹白蟹堆如山，
赤虾白虾金银环。
前舱藏珍珠，
后舱关元宝。
空船去，满船来，
龙王菩萨保平安。
捕鱼落洋多顺风，
恭喜船主发大财！

岱山渔民谢洋仪式

谢洋祭海大典一般包括四大基本仪程——休渔谢洋迎宾颂礼、谢洋祭海演绎风俗、护海倡议放生养海、歌舞升平感恩海洋。

岱山渔民谢洋仪式

　　岱山渔区的谢洋祭海仪式，主要包括谢洋祭龙王及诸海神，渔家俗称"谢龙水酒"、"行文书"、"散福"。祭祀仪式比较讲究，一般以船只为单位进行，船东老板为主祭；日子由东家选定，但时辰必须在涨潮至平潮之间。拥有多只渔船的长元（渔船老板）则选择某一吉时良辰在各条船上同时进行，由船老大任主祭。生意好、家底厚的船东祭品丰盛，全猪全羊供奉，显示主人的诚意与好客；经济拮据的渔民则量力而行，祭品简单，一般仅用一个猪头加若干荤素菜肴以表心意。偏僻渔村也有德高望重者组织生意清淡或蚀本的渔民，拼凑共祭，祭海的时间、地点、规模、程序、供品等内容则大同小异。

[壹]谢洋祭海的基本内容

　　祭祀时间：夏至节期间，农历六月廿三后。此时夏季渔汛结束、渔船拢洋、渔人上岸回家，船东（或船老大）择黄道吉日准备祭海。供祭仪式的时段为早潮

渔民举着船旗、抬着装满供品的扛箱到海边渔船上去感恩谢洋

初涨至潮平前。

祭祀地点：船东或船老大所居住的村岙龙王宫（殿），无庙宇的村岙则在海边选定一个临时祭台，也可选择在渔

建于清光绪年间的岱山高亭山外村的龙王宫

船甲板上祭祀。有些村落神庙小、祭家多，祭祀排不上号，也移至船上或海边进行。

祭祀对象：历史上以东海龙王为主，后来随着渔场拓展至四海乃至世界各地，供祭对象也扩至四海龙王。

祭祀主题：感恩，感谢东海龙王（或四海龙王）赐福赐财；祈求，祈祷龙王慈悲，海不扬波，庇护渔人渔船海上平安顺利；还愿许愿，兑现在上汛开捕前向龙王许下的诺言，并再次许下心愿，期望在下个渔汛里捕捞丰收。

祭祀规模：多数一船一祭，拥有多船的船东一次性并祭，规模大的一个村岙渔家合祭。

祭祀者：船东、船老大、渔民伙计及与船东相关的客户、亲属。

神位祭桌：庙宇龙宫的神位一般坐北朝南，船头或海边则根据自然环境及渔船停泊方向而定。祭桌少则两张八仙桌，多则六张，

最前面加元宝桌以摆放香烛五祀锡器。

祭品：以全猪或猪头、全羊、全鹅为尊。猪头、羊头、鹅头均朝龙王神位方向，其中全猪、全羊用木架子支起，分别搁在祭桌左右两边。全鹅煮熟，用竹竿支撑，放在祭桌中央。以下祭品从神位方向起，在祭桌上逐排摆放：三杯茶，六杯酒，五牲（五种海产鲜鱼），五荤五素或六荤六素或十荤十素，由鱼、肉、鲞、蛋等荤菜及时令蔬菜组成。菜肴数量均有寓意，五荤五素的"五"字与岱山方言"鱼"同音，意为"年年有鱼"；六荤六素意为"六六大顺"；十荤十素意为

老渔民在渔船上向龙王及海神感恩祭拜

"十全十美"。祭品忌鸡，鸡在方言中与"欠"、"缠"音近，被渔民视为不吉利。所有素菜均用金针菇或木耳封顶。水果六盘（时令水果）；冷盆六种，其中生盐、水豆腐、黄糖必备；糕点六盆，有连糕、雪片糕、双层糕、白节、油枣等；干果六盆，有桂圆、红枣、荔枝、大核桃等。酒必用黄酒，渔民戏称海中捕鱼犹如与龙王推牌九赌博，黄酒颜色混沌，龙王爷喝多了，就会醉眼蒙眬"推倒庄"（意为把鱼送给渔人）。五祀台放置五祀锡器，上插香烛及鲜花。

祭祀过程：渔民家属预先将祭品准备好，涨潮前运往供祭地点。涨潮后，置供品于供桌上，点香燃烛，恭请龙王入座。酒敬三巡，相隔半个时辰一次。每次敬酒叩首跪拜祷念，或还愿许愿。待潮水狂涨平潮之前，祭毕。

整个仪式结束后，厨师将供奉龙王的猪羊及荤素菜肴就近加工，渔民们聚在一起，摆开桌椅，举杯畅饮，俗称吃"谢龙水酒"。在此后的休渔期间，渔民便可组织或参与谢洋期间的各种娱乐活动。

[贰]谢洋祭海的操作要点

安置神位：在龙王宫进行的祭祀仪式直接用大殿的龙王像，不必另备。在户外或渔船上进行的祭祀活动，则用一长方形黄宣纸，上用墨汁书写"东海龙王神位"（或"四海龙王神位"）字样，俗称"码"，竖直放置于用绸子裹住的太帅椅上位，充当龙王神位。讲究的渔家则用神龛替代"码"。

插置旗帜：祭桌四周的旗帜一般有五种类型。

1. 龙旗：红绸或黄绸制作的绘有龙形的旗帜。

2. 令旗：从普陀山寺庵中的大佛或观音菩萨处请来的黄色三角令旗，写有"令"字。

3. 船旗：红底黄字，上书船东或船老大姓氏。

4. 三色旗：由三种不同颜色组成的旗帜，是岱山各个渔业村特有的标志。

5. 彩旗：各色旗，上书"一帆风顺"、"满载而归"等字样。

备置祭器：供桌为元宝桌、八仙桌、画桌（含桌帏）。盛器有大小祭盘、红蓝花碗、红蓝盆子。另有蜡烛台（备蜡烛）、香炉（备高香或黄香）、拜伏凳、金箔等。

运输工具：将祭品运往祭海地点时，运输工具颇有讲究。小祭用藏篮或箩筐担挑，大型祭海仪式用扎有红蓝绸布的木质扛箱。

代表性渔具：样桅——溜网在海中作业时的标志杆，插于渔网边的棕绳上。样桅顶部及腰部扎着多彩的菜花，根部伸入礤子间固定，上部随网漂浮在海面上，以便渔民识别位置。

祭文祭词：大规模祭海仪式由精通祭海仪程的先生撰文，小型祭海仪式无专门祭文，凭船东、船老大及渔民们临时发挥。

助祭响器：对锣两面，每次连敲数响。锣声在祭海过程中择时敲响，起程及沿途、队伍进入祭坛或船甲板、祭品上桌、点香燃烛、

渔民在谢洋祭海时传统装束，神情虔诚

恭请龙王、三巡置酒，每巡连响，祭毕大鸣大放。

烟花礼炮：一般使用炮仗及鞭炮，在出门、沿途、上祭台、三巡酒及祭毕节点上使用。

乐舞表演：小唱班奏乐，以民乐为主。民间艺人助兴表演舞蹈，以舞龙、舞狮、调马灯、调花船等为主。

祭拜分工：主祭一人，为船东或船老大；陪祭若干人，系船东亲朋或有生意往来的老板客人；众祭为同船或同吞渔民若干。祭前，祭者要在家里或渔船上沐浴净身。服装方面，主祭穿对襟黑红相间的

民间小唱班在祭海现场奏乐

汉服、浅蓝龙（笼）裤、黑色圆口布鞋，辅祭或陪祭与主祭同，众祭穿普通姜黄色栲布上衣、龙（笼）裤。

祭毕操作：点燃盆中的"码"及金箔，作为奉送给龙王的礼金，然后每样祭品采少许放入一酒杯或碗盆中，抛向高空，继而撒入海中，意请龙王带走酒菜，并敬奉海中游魂。此时对锣长鸣、鞭炮连响、乐舞大作。

祭礼忌讳：忌女性祭拜，祭者均为男性。祭祀过程须虔诚肃静。

祭后数日内（少则三天，多则十天半月），生意好的船东老板请外地戏班唱庙戏，以答谢龙王爷及诸渔民伙计、父老乡亲。

[叁]岱山渔村传统祭海

谢洋祭海是谢洋节期间的首要任务，一般在渔民谢洋回家的次日在村岙里的龙王宫或渔船上举行。历史上，村岙祭海规模较大的是全村共祭，由村中德高望重者组织各家渔民参与祭祀活动，费用大部分由组织者承担，其他渔家略作分摊。

2009年6月2日，岱山县高亭镇高亭一村50余名渔民，在村委会的组织下，举行全村谢洋祭海仪式。

活动宗旨：以祭海仪式为载体，挖掘渔乡千年风俗内涵，用原生态的实地演示方式，演绎岱山岛（岱衢洋）渔民特有的祭海习俗，展示和传承悠久的海洋历史文化。

祭海主题：休渔养海、感恩图报、祈福祷安、人海和谐。

对锣开道，样桅随后

时间、地点：2009年6月2日上午，高亭一村渔码头，浙岱渔11137号船甲板上。

活动过程如下。

（一）集队赴祭——在村委会门前集队出发。

队伍序列：对锣、样桅、祭旗、龙王神位及黄罗伞、乐队小唱班、旗队、扛箱。

行进线路：村委会、清泰路、沿港中路、对港大桥、码头、渔船。

行进过程：起程，敲铜锣、奏礼乐。敲铜锣（对锣）一长二短，共十三下。鼓乐齐奏，鸣礼炮。

沿路行进至码头船边，将供品、器具一概搬至渔船上。众渔民摆放供品。

（二）祭祀仪式流程：

1. 祭司上场，洗手净身，曰："休渔谢洋祭海开始，升祭旗！"鸣炮，奏乐，一渔民将绑在旗杆上的祭旗徐徐升起。

2. 祭司："上供品！"众渔民将全猪、全羊、全鹅及五牲鱼肉、五荤五素、六茶十二杯酒、糕点水果有序端上桌。

3. 祭司请主祭（浙岱渔11137号船老大）、陪祭（七名本村老渔民）、众祭（三十余位本村渔民）上场。

4. 祭司："上香。"主祭与陪祭接香、点香、敬香。

5. 祭司："恭请龙王！"众渔民跪伏迎龙王，锣鼓炮仗大鸣大放。放置龙王神位，神位用黄罗伞遮阳。

6. 祭司："恭请船关老爷。"船老大将船关老爷神位奉上，放置于龙王神位右侧。

7. 祭司："一敬酒。"锣手击对锣一长二短三回合。主祭敬酒，先跪拜，后敬酒，动作按民间惯例，再忏念。

8. 祭司宣读祭文。两渔民端祭文在乐声中上，主祭接祭文。主祭："惟公元2009年6月2日（农历己丑年己巳月戊寅日），时逢东海伏季休渔之际，蓬莱仙岛岱山高亭一村渔民借浙岱渔11137号吉船宝地，举行谢洋祭海典礼。文曰：盛世中华，强国富民，蓬莱仙岛，百业俱兴。靠海吃海，祖训传承，时至今朝，耕海薄盈。海洋虽大，终有疆临，宝藏虽丰，滥夺必罄。休渔养海，政府颁令，渔家遵奉，同德同心。感恩大海，赐鱼惠民，感恩龙王，保我安宁。"

9. 祭司："搁置渔具。"三渔民将样桅、舵柄、渔网交与主祭，主祭挥手示意渔民将物件摆放于祭台物架之上。置妥。

10. 祭司："跪拜龙王、船关老爷，祈祷渔丰民安。"主祭率众渔民整冠理衣，列队祭拜（作跪拜礼以示虔诚）。

11. 祭司："一叩首，二叩首，三叩首，礼毕。"渔民随祭司口令礼拜。

12. 祭司："二进酒。"锣手击对锣一长二短三回合。主祭（船老大）整冠理袖，把壶敬酒。敬毕，再跪拜。

13. 祭司："众祭进香。"锣手击对锣一长二短三回合，吹奏乐高奏。主祭率众渔民向帮衬（助手）取

船老大进酒

香一支，于祭火盒中点燃，进香，叩拜忏念，将香插于香炉后返回。

14．祭司："三敬酒。"锣手击对锣一长二短三回合。渔民代表整冠理袖，把壶敬酒。敬毕，再跪拜。

15．祭司："乐舞告祭。"众乐队齐奏。

16．祭司："祭祀礼毕。"烧香焚牒，礼炮乐器大鸣大放三分钟。助厨将部分祭品（干果类及黄酒）撒入海中，告慰大海众神灵。与此同时，对锣、民乐、烟花、爆竹齐鸣。

17．祭祀典礼结束，办谢洋水酒，众祭者在酒楼摆宴会餐。

（三）祭海仪式结束。渔民将龙王神位送至龙宫，将船关老爷神龛放置渔船原位。

[肆]中国海洋文化节谢洋祭海大典

中国海洋文化节谢洋祭海大典由岱山县政府会同有关部门，于每年6月中旬在岱山中国海坛举办，简称谢洋大典。

中国海洋文化节谢洋祭海大典于2005年在岱山县高亭镇首次举办，至2013年已连续成功举办了八届。2008年，岱山祭海、渔民谢洋节分别

岱山渔民聚集海坛，举行谢洋祭海盛典

入选浙江省及国家级第二批非物质文化遗产名录。2009年,节名调整为"2009舟山群岛·中国海洋文化节",岱山休渔谢洋大典作为文化节的闭幕式。2010年、2012年、2013年均名为"舟山群岛·中国海洋文化节",休渔谢洋大典均作为中国海洋文化节开幕式在岱山中国海坛隆重举行。

谢洋大典活动由岱山县政府组织承办,岱山县各乡镇渔民担任祭海主角。仪程主要包含四大基本内容——休渔谢洋迎宾颂礼、谢洋祭海演绎风俗、护海倡议放生养海、歌舞升平感恩海洋。谢洋祭海的内容尊重渔民的传统习俗,在规模上进行了扩展,让全县各乡镇渔民代表面向龙王进香祭拜,由过去的一船一祭或一岙一祭扩大

旗帜飘扬

到全民共祭。"歌舞升平感恩谢洋"即以音乐、舞蹈、杂技等艺术形式表达渔民对大海的感恩敬畏之心，将渔民谢洋节固有的文化娱乐活动通过祭祀平台予以展示。

谢洋祭海大典由一名祭司主持。活动始终围绕"弘扬海洋文化，实现和谐发展"这个主题，以谢洋祭海这一岱山特有的习俗为载体，增强渔民渔业安全生产意识，激发全民保护海洋环境的共识，倡导人与自然和谐相处的理念。

据不完全统计，每届参与祭祀的渔民达千余人，参与观看的观众4000余人。由于活动接地气、合民意、入人心，岱山民众的参与热情高涨，祭海现场人山人海，盛况空前。

经过八届实践，岱山县办节经验不断丰富，海洋文化内涵不断得到挖掘和拓展，社会影响逐年扩大，知名度迅速提高。主办单位从2005年首届的中国海洋学会、中国海洋报社、浙江海洋学院，到2010年的国家海洋局、浙江省人民政府，再到2013年的中华人民共和国文化部、国家海洋局、国家旅游局、浙江省人民政府。2012年，中国海洋文化节被《人民日报》和人民网评为"首批中国最具影响力品牌节庆"；2013年，国务院正式批复同意举办"舟山群岛·中国海洋文化节"，节庆规格从一个海岛小县的民间活动提升到"国字号"的节庆活动，目前已成为全国传承海洋文化、汇聚海洋民俗的盛会，海洋系列学术研讨百家争鸣的舞台和发展海洋经济、扩大海

腰鼓欢庆

海贝舞绰约多姿

锣鼓喧天

农耕文化舞蹈前来助兴

舞龙大显身手

海鲜烹调技艺比武

花船载歌载舞

渔歌大赛

滑泥狂欢

洋合作与交流的纽带。

　　以谢洋大典为开幕式的中国海洋文化节，同时也传承着渔民谢洋节的另一项重要内容——谢洋文化娱乐活动。在八届谢洋祭海活动期间，各种形式的文娱活动异彩纷呈，相继举行了全县民间艺术踩街大巡游、"翡翠岱山"大型灯展、全国渔歌邀请赛、中国海鲜烹饪大奖赛、全省沙滩风筝邀请赛、"我为泥狂"秀山泥浆节、中国东海海鲜美食大赛等活动。同时，还举办了中国海洋文化论坛暨长三角海洋文化研究交流合作会、中国民间海神信仰与祭海文化资源开发研讨会、东亚岛屿文化等海洋主题学术研讨交流活动，使海洋文

渔港灯展

化的外延不断拓展，内涵不断挖掘，载体不断创新。

随着谢洋祭海仪式的常态化，一些祭海纪念品也应运而生，寓意深刻的定海神针、平安旗、玉龙柱等，成为人们争相选购的特色礼品。

在历届谢洋大典的祭海仪式上，均由岱山县县长诵读祭文。祭文通俗朴实却意味深长，蕴含着渔民爱国、爱海、爱家的心声和祭海、谢海、护海的情怀。

2012年祭文如下：

惟公元二零一二年六月十六日（夏历壬辰年丙午月申日），2012舟山群岛·中国海洋文化节在蓬莱仙岛浙江岱山举行开幕式。海内外各界宾朋及境内二十万渔民百姓聚集海坛，休渔谢洋，感恩大海，昭告天地。文曰：

盘古化血	始有江海	女娲造人	海作温床
昔有祖训	知恩图报	靠海吃海	没齿不忘
今逢盛世	国富民强	爱海护海	休渔谢洋
一谢大海	赐我宝藏	年年授鱼	大爱无疆
再谢大海	铸我铮骨	千帆弄潮	乘风破浪
三谢大海	佐我中华	大国崛起	多难兴邦
四盼来日	海不扬波	天下大同	和谐安康

人海相依　　休戚共尝　　养海兴海　　再创辉煌

感恩海洋　　厚德载物　　造福子孙　　地久天长

东海有灵　　渔家有情　　献牲置觞　　伏维尚飨

公元二〇一二年六月十六日,于中华人民共和国浙江省岱山海坛

[伍]《谢洋图》中的渔民谢洋节

2009年,为了更深入地探究谢洋节,岱山县非物质文化遗产保护中心组织"非遗"专家和二十余位渔民画家,踏访了具有数百年渔业史的东沙古镇,访问了多名老渔民、老艺人、老脚班(挑运大黄鱼的工人);然后,在"非遗"专家的顾问、指导之下,二十余位渔民画家构思谢洋节的诸多场景,用五彩颜料来表现谢洋节,集体创作了《谢洋图》。

图成,全图高1米,长40米。特请浙江省文化厅领导、著名书法家鲍贤伦题写了具有传统风味的"谢洋图"三字。图有跋:"夏至南风呼呼响,看侬谢洋勿谢洋?"举世无双的大黄渔汛,从吴王阖闾捕获以作军粮,至今已延续了两千五百年。千帆归航,丰收的喜悦,请牛拉,以箬挑,劈黄鱼鲞,桶腌,场晒,装件外运……渔人对于海洋的感恩之情汇聚成谢洋大典,祭拜神灵,放养幼鱼,民间戏曲、民间音乐,人神共享。新的石屋砌就了,姑娘后生在唢呐声中嫁娶。谢洋期间,渔人们在滩涂捕鱼蟹,在港湾里游泳嬉戏,修造渔船,整理渔网,备米备酒。埠头离别,拔锚起航,向往新一汛的撒网拔网……

今天,当我们解读渔民谢洋节的时候,谢洋图卷就是最好的范本,最直观的场景。

一、丰收归航

这里的"丰收",所指并不是一船之丰收,而是整个春夏渔汛期的收获。渔人驾驭渔船,从海洋捕鱼归航。归航的水程是不一样的,要看它们从哪儿来。如果从舟山诸岛来,则水程短,尤其从诸岛中的岱山岛、衢山岛来,归航的水程更短;但如果从奉化、洞礁、栖凤来,从象山东门、石浦等地来,水程就长了;如果从温州、台州来,水程就更长了;如果从福建省来,则水程最长。

丰收归航后,船停泊着,对于渔人来说,必得上岸去。东沙角里有什么去处?去横街。当年,"横街渔市"是"岱山十景"之一,清代嘉庆、道光年间岱山籍贡生刘梦兰有诗:

> 丁沽港口海船回,小市横街趁晚开。
>
> 狂脱蓑衣寻野店,挈鱼换酒醉翁来。

东沙古渔镇上的横街并不长,但很有特色。街边的房子皆为两层楼,杉板为壁,青陶为瓦,楼下店铺,楼上住人。铺砌路面的是三尺见方的石板,采自东沙镇西边的两头洞岛石宕。那些店铺其实并

《谢洋图》中的丰收归航

非"挈鱼"、"沽酒"的酒楼饭铺，也并非"市"鱼的店，而多是渔需品和生活日用百货店。想"换醉"的渔人应该多在东沙镇的民居中畅饮，那里住的，或同乡、或朋友，或是海产品加工厂，或是渔人的姐姐妹妹。

在渔汛期，东沙角已不再属于东沙角居民，而是成了由两万余人组成的海洋捕捞船队的大本营。对于渔民来说，整个渔汛期，他们的家除了在船上，就在岱衢洋岸上的街市中。

二、搬鱼加工

春夏渔汛期，东沙镇的处处场院中几乎都晾晒着大黄鱼鲞、乌贼鲞；至渔汛后期，则晾晒着鲙鱼干、虾潺干。海上捕捞结束，渔船谢洋，但腌渍在东沙镇一百多家鱼货加工厂中的各种产品要抢时间、抢太阳，晾晒出来。

这是在船埠头，一群双角弯弯的水牛在牵拉油漆得红红的小船。那时没有洋码头，只有石板石条堆砌的埠头。岱衢洋的船埠头当然与大海紧紧相连，其实所谓埠头，就是岸上通往大海的一条路。那条通海的路，一般分为四段，第一段为石板平路，第二段为石板斜坡路，第三段为潮水吞吐的沙滩，第四段为泥涂。

岸和海的落差形成坡，但坡道上决不能出现石级，这是为什么呢？渔人们的船只能停泊在泥涂中，满舱的鱼运往岸上，方法只有两种：其一是人工搬，搬鱼的人称为"脚班"——以脚力来赚钱的那一班伙计；其二是牛拉。而小舢板则成了盛鱼的载体，我们姑且把它比作集装箱吧。如果坡道上出现了石级，就会成为集装箱运输

《谢洋图》中的搬鱼加工

《谢洋图》中的牛拖渔船

的障碍。此外，在当年，要把大件物品——比如打船用的木材、渔网——运到沙滩海涂，有时免不了要用拖拉的方法，故而石级是滩头的大忌。

一组人坐在面板阔阔的条凳上，操刀劈鱼，这就是加工大黄鱼的第一步，名为"劈鲞"。劈鲞者多为男子或身骨强健的妇人，渔岛少女是不参与这种劳动的——既需要体力，又需要技巧。

须知，在又称"老鲞"的大黄鱼鲞加工程序的终端，也是有检验员的，而最终的检验员是购买大黄鱼鲞的商人。那劈大黄鱼的刀称为鲞刀，形如"♭"，刀口呈月牙形，因为黄鱼鲞的造型也是圆圆的。下刀的位置是大黄鱼的头，从脑脊劈开，一分为二，头中的两颗鱼脑石就会显露出来。（那里的大黄鱼实在太多，有人把鱼脑石倾倒于沙滩上，任海水磨砺，若干年后，孩童们再把它们从沙滩上捡回来，卖给中药铺。）鲞刀将鱼脑一劈为二后，不能停顿，更不能从鱼体上抽出来——否则鱼体会不均匀——要继续顺着鱼脊的一侧

《谢洋图》中的剖鱼晒鲞

由头往尾下力。但是将到大黄鱼的肛门部位，鲞刀就要打弯了，从脊背弯到鱼肚，同样把鱼肚一分为二，在肛门处，鲞刀戛然而止。

然后，劈鲞人把大黄鱼甩往前方堆着好多盐的腌货板上，那板类似一扇比较阔大的门。腌货板旁，站三五妇人，把刀劈的大黄鱼从背部掰开（那鱼肚并未受刀，故而大黄鱼仍旧是一体的），把鱼鳔、鱼子、鱼白、鱼肝次第取出，敷上盐，把上盐的大黄鱼甩落在埋于厂屋中的落地桶中。来不及加工，从海滩运来的大黄鱼只能以竹箪盛之，一箪箪排列于巷弄中，即使阻碍了交通也无人埋怨。

那落地桶中的大黄鱼腌制几天后就要取出来——否则盐分太多，鲜味就消减了。用淡水洗后，还要晒干。每家渔厂都备有若干竹箪，竹箪略呈长方形，约2.8米长、2.5米宽，平时卷拢来收藏，就像一枚枚导弹。每家渔厂必有自己的晒鱼场，称为"晒场"，竹箪展开在晒场上，箪与箪之间留下一脚空隙，便于管理者行走。洗好的大黄鱼鳞体朝下、肉体朝上而晒，且要把鱼尾巴摆放得弯弯的，晒干后整条鱼就呈弓形了。

需要指出的是，渔人不参与大黄鱼的加工，他们既要打理渔船，又要找点乐子。外地的渔人会到街市热闹处喝一点酒，吃一点零食，赌几元钱，或看看戏，听听"小热昏"。街市因为渔人的到来而充满生气和活力。

竹箪上的大黄鱼鲞要在太阳落山之前收起来，第二天再如法炮制。

"试问大黄鱼鲞要晒几天?"

"那要看太阳的力度,一般三五天吧。但是当大黄鱼鲞晒到一半的时候,如果遇到中午猛烈的太阳,可要当心,一不小心,鱼肉被太阳烤熟,就会变颜色,那大黄鱼鲞就要成次品了。"

大黄鱼鲞成品就在露天的竹簟上收起来,在夕阳里放进蒲草包里,再把包放进铺有早稻草的篰里。篰有盖,用竹丝把盖扎好——到这个地步,一篰大黄鱼才能称为"一件",渔厂的加工程序也到此为止。那"一件",就成为待售的商品了。

在大黄鱼的加工中,还有一种很重要的产品,这就是大黄鱼的鳔胶。有一首岱山竹枝词写道:

> 展得鳔胶五尺余,寄郎权作腹中书。
> 平生一片缠绵意,绕遍长竿总不如。

大黄鱼肚中有一条鳔胶,是珍贵的食材和补品。作为菜肴,把晾晒干的鳔胶放在盐粒或沙粒中拌炒,鳔胶就会膨化,由玉白色变成金黄色,水发后可炒菜或做汤。把鳔胶与黑枣、鸡、蹄髈等加酒蒸煮,是珍贵的滋补品。鱼货加工厂会在渔汛结束后雇请妇女来加工经盐保鲜的鳔胶,称为"拔鱼胶"。一般由三人组成一个加工单位，领头的称"拔手"，另两人称"剪手"。剪手把鱼胶剪开，去掉内外的附着物，使鱼胶变得清洁。拔手则把剪手加工过的鱼胶一根根在长桌上拉长、压合，再用双手的拇指、食指作整体性的拉长、捏合，即所谓"拔"，加工成五尺余长、三四寸阔的"长胶"。这条长胶不能超过规定的重量，如三两，也不能有厚薄或破缺，因此，拔手是需要技术的，心细手巧者会做得更好。对此，鱼货加工厂用杉木板制作统一的长胶样板，以样板及秤来验收长胶，加上目测长胶的洁白度——符合标准后，放在长竿上晾晒。鱼货加工厂以剪手所剪鱼胶的重量支付拔鱼胶者的报酬。

三、海边渔猎

即使是休渔的日子，渔人们还是忘不了海。远方的海，暂时告别了；门前的海，一样充满诱惑。吃惯了鲜活货的渔人，在礁岩上搭建一个扳罾（渔网的一种），夜晚，在扳罾上燃一盏灯，称为"火篮"，趋光的乌贼就会游过来，落入扳罾中。

《谢洋图》中的海边渔猎

　　游弋于滩涂上的泥马（木头制作，只可一人使用）在孩童眼里更像一种玩具，但它不是用来玩的，而是捡拾海鲜的工具。驾泥马的渔人可以捉到泥螺、望潮、小虾小蟹、爬行于泥涂的海螺。

　　退潮时，在滩涂上竖一道渔网，支撑渔网的是一根根竹竿。涨潮了，鱼儿随潮而进；潮退了，鱼儿却被网拦住了。渔人们从家门口出来，也许刚刚吃过点心，嘴上还留有酒香，腰上挂着一个鱼篓。他们走向海涂，把困于网墙的鱼儿捉来。这种作业称为串网，因为竹竿插在泥涂里，又叫插串。

罙网

还有一种捕鱼法，叫挈网。那网是用两根竹竿支撑的，呈三角形，渔人握着一个角，而把网边伸向泥涂，迎着渐涨渐近的潮水，潮头戏水的鱼儿哪知道进入了挈网区域？渔人把网"挈"起来，鱼在三角形的网兜里跳跃呢！赶快用撩盆把鱼从网上"撩"起来，放进竹篓。

滩涂上生活着许多小动物，有的钻到泥土里，有的在潮水中游走。小动物的通道，就是"洞"。有一种洞是属于沙蟹的，很深，要把洞中的沙蟹引出来，渔人称为"牵沙蟹"。

有一首儿歌颇有情趣：

叽咕嘎，叽咕嘎，

阿毛老绒（即老婆）牵沙蟹。

牵到夜，还没卖。

牵到半夜过，还没半淘箩。

牵到五更头，还没三碗头。

叽咕嘎，叽咕嘎，

阿毛老绒牵沙蟹，

牵来两只大沙蟹，

一只腌，一只卖，

卖来铜钿给阿毛。

阿毛屋里好弄弄（生活富裕），

鸡肉骨头哽喉咙。

四、打造新船

打造新船，该请木匠师傅。渔人称打船的师傅为"大木师傅"。

渔人希望船是一条游弋于海上的龙，故把船称为"木龙"。新船下水，那日子是喜庆的。

打新船的渔家准备了那么多香喷喷的白馒头，在滩头抛，让孩

打造新船

《谢洋图》中的打造新船

童们捡拾，让乡邻们捡拾。

新船的船舱中有渔人生活的区域，以前的木船很窄小，就有调侃的歌传下来：

> 困倒眠床，
>
> 爬起斋堂，
>
> 隔壁厨房，
>
> 灶头爬上就是屙（屎）缸。

新船的船舱中先要有神灵的位置，称为"圣堂舱"。画面上是"大木师傅"们。打造的新船怎么称呼？那是一条大捕船。关于大捕船，也有歌谣：

> 老公涨大捕，

老婆吃得凸大肚。

拘得来，连城买，

拘勿来，连船卖。

五、砌屋婆亲

对于渔人来说，船是海中的屋，而屋则是岸上的船。就像在大海中渔人总是向往岸一样，在岸上、在屋中，他们总会向往大海。建造新屋，也总是在谢洋时节。

有一种游走于海岛渔村的艺人，嘴上唱的是《佯扫地》。关于渔人的屋，艺人唱道：

嘟嘚，一扫帚，扫到北，

老板屋里砌大屋。

前三进，后三进，

三三起九进，

二九十八进，

三九廿七进。

上马亭，落马亭，

吹鼓亭，喇叭亭，

造起富丽堂皇紫金亭。

有了屋，就要成家。结婚，新娘打扮得像状元夫人，戴凤冠，披霞帔。有首儿歌《碰羊角》说的是新娘出嫁，以一个孩童的眼光来展现结婚的风俗：

笃笃笃，碰羊角，姐姐抬起妈要哭。

妈妈哎，甭哭啦，轿到堂前啦。

船到河边啦，大哥哥抱上轿。

小哥哥直送到，乌漆墙门好人家。

窗门开开地板房，两幢箱子四角方。

《谢洋图》中的砌屋娶亲

红红果桶摆两旁，白骨嵌镶大眠床。

金漆夜桶放叠床，银色帐钩响叮当。

六、备汛理网

在谢洋期间，与海上的辛劳相比，渔人在岸上、在家中，生活当然舒适、轻松得多。经济条件允许的人家，还要给渔人们一些进补，比较常见的进补品为母鸡炖黄酒、蹄髈炖黄酒等，其中要加入黑枣、黑木耳、大黄鱼鳔胶等。但是谢洋毕竟是捕捞过程中的暂歇，除了祭神、娱乐，渔人毕竟是劳动者，不可以忘记自己的职业和责任。因此，在谢洋的日子里，渔人们还要备汛——为下一汛出海捕捞作准备。

大海上捕鱼，最重要的是人、船、网。可以说，不管到哪里，网总是和渔人在一起的，当渔人谢洋时，渔网就从船上抬到岸上。如果渔网破损，就要请人补网；如果渔网太脏，就要到汰横头或河里涤网；如果渔网损坏严重，那就要重新制作一张新网了。

制作一张新网，俗称"做网"，由经验丰富的专业网师操作。做网包括加工、防腐两个方面，一般都在岸上、休渔时进行。传统苎麻渔网的制作工序如下。

一、苎麻纺线：把买来的苎麻瓣用手撕开，用纺车纺成苎麻线，再用拨车拨成双股的苎麻绳。

岸边织网的渔妇

二、织网：把苎麻线绕在竹梭上，就可织网，网眼的大小以竹制的则板为准。苎麻线的粗细、网眼的大小，要根据捕什么鱼来定。

三、栲网：所谓栲网，是把一种汁水赭色的栲树皮和渔网一起放在大铁锅里煮。大铁锅往往还容不下渔网，故而在锅上套一木桶，桶上加盖。煮网的灶一般置于露天，落地，又称"栲道"。栲网需燃烧很多木柴，通宵达旦，夜晚栲网，白天利用太阳晒干。晒干后，再把渔网放在冷却的栲网汁水里浸泡，然后再晒干。有时候要把棉质的篷帆放在栲道里，和渔网一起栲，目的也是防腐。

四、血网：栲过的网已具有一定的防腐能力，为了强化防腐能力，还要血网。所谓"血"，是牛、马等牲畜宰杀后的血，渔岛所用均从陆上采购。用水把血稀释，放在大铁锅里，和网一起煮，四五个小时后结束，网已被煮成黑色。把网从血汁里取出，再放到铁锅里蒸——这时就不用栲汁或血汁了。

五、装网：渔网的大小、阔狭，与纲绳、矼石的搭配，直接关系到大海上的捕捞，因此技术性很强，渔岛上就有专业的技工——网师——来进行渔网的装置，还负责实际捕捞后的改装。

除苎网外，还有一种用稻草搓成草绳编织的网，叫草绳网。草绳网的网眼很大，是专用于捕捞海蜇的，鲜活的海蜇呈陀螺形，个体很大，每只数十斤重，有的像个圆桌面，用草绳作网捕捞正合适。

制草绳之前，先处理稻草。一般需经过拉草、拷草工序，使稻草变得干净、柔软，再用手搓成绳。用草绳制网不需要也不可能使用竹梭和则板，就由资深的渔人凭着感觉编织。织成网后可直接用于捕捞，没有栲网、血网的程序。

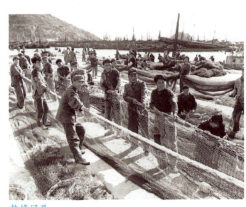
整修网具

谢洋期也是备汛期，渔人的劳作还是很多的，比如修船、涂漆（一般用桐油），船上的各种设备工具需修理或替换——比如篷帆、缆绳、木舵、打水桶、锚及锚绳，乃至船上烧饭的炉灶、风箱和渔人们用的被褥、衣服等，还要准备船上祭神用的祭品。

谢洋连接开洋——这是特指每年春夏汛结束至秋汛开始这一过程。秋冬汛结束就不叫谢洋了，这时渔人们就用"过年"、"谢年"来替代"谢洋"一词了。

所以，"夏至南风呼呼响，看侬谢洋勿谢洋"这句渔谣，以"夏至"一词来锁定谢洋节的时间——不在秋冬。

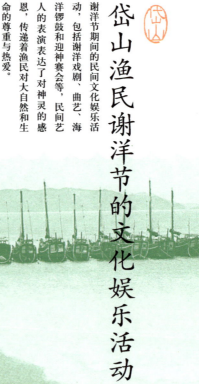

岱山渔民谢洋节的文化娱乐活动

谢洋节期间的民间文化娱乐活动，包括谢洋戏剧、曲艺、海洋锣鼓和迎神赛会等，民间艺人的表演表达了对神灵的感恩，传递着渔民对大自然和生命的尊重与热爱。

岱山渔民谢洋节的文化娱乐活动

　　谢洋节期间的文化娱乐活动，也可视作渔民狂欢活动。民间的娱乐形式，有谢洋戏剧、曲艺、海洋锣鼓、迎神赛会等。除用以助兴的民间艺人表演外，渔家安排的大多是人对神灵的祭祀和人与神灵的感情交流，传递着人对大自然和生命的尊重与热爱。

[壹]戏剧表演

　　谢洋节期间上演的戏剧，又称演剧，一般在神庙戏台上进行，因此又叫庙会戏，由渔老板或生意好的渔老大出资外请，也有由庙界或各界义捐支付。各家所请的剧种不同，内容不同，演出的目的也不相同。出资请剧团表演主要是显示身份，取得冠名权。按演出目的可分为"谢洋戏"和"愿戏"，"谢洋戏"是为了庆贺春夏渔汛的结束，"愿戏"则是为了兑现对神的许诺。

　　新中国成立前，

"愿戏"上演

每年夏汛终，由各社庙邀甬埠"大全福"、"大鸿寿"、"大连升"等京戏班来岱山演戏，常演剧目有《二进宫》、《渭水河》、《宏碧缘》、《泗洲城》、《十一郎》、《拾玉镯》、《长坂坡》等，一般首演于高亭镇天后宫，后至各庙续演，五至七天不等，日夜两场。其时，凡风味小吃、赌摊、杂耍等业随之开张，通宵达旦，热闹非凡。

《象山东门岛志略·渔岛风俗》载：

渔村庙会。农历六月二十三日，是北洋张网生产结束，所有船只回东门到家的日子。东门岛埠头岸上，喜迎亲人归来，妻子笑，孩子跳，热闹非凡。有的到庙里给菩萨还愿进香，有的邀剧团演戏还愿，俗叫"谢洋戏"、"还愿戏"，这是一个庙会的欢庆日期。另外，二月十九、三月初八、六月十九、九月十九均有演庙戏的习俗。

七月半节。农历七月，正值渔民休秋，船进港，网上场，人上岸，渔、商忙毕思逸，邀亲约友，煮菜备酒，欢聚消劳，祈求吉祥平安，形成七月半会期。会前家家忙碌，户户欢腾。远乡近村，左亲右邻，扶老携幼，纷至沓来。岛上人声鼎沸，笑语盈盈。其时正是高秋季节，疾病颇多，户户做"羹饭"祀祖求保佑。七月半节，月初开始，以十五为中心，城隍庙、天妃宫、王将军庙等处轮番演庙戏。若遇鱼丰年，各高产船出资演戏，俗称"船头戏"。

民国《定海县志·风俗》载：

"愿戏"表演场所通常较为简陋，表演队伍也常为民间戏班，艺术质量不高，但意义重大

演剧。邑中无戏班，皆来自甬郡，先由人向戏业包赁，谓之"包班"，亦曰"包头"。再由包头转赁于各庙会，从中可以获利，故俗数末业之得厚利者曰："一包班，二看鸭（读作唵）。"戏班有昆班、徽班、绍兴班、台州班之别，其实优伶皆绍台两帮及甬之堕民为之，惟以其所唱之曲调为别耳。商店酬神之戏多在春间演之，沿街用木板搭台，上盖芦席，点缀灯彩，在上演唱，谓之"街戏"。民间所立之各庙会则在各庙中演之，谓之"庙戏"。城区多在仲夏间，有在秋间演之者。一庙之戏，如都神殿等，往往多至十余日。各乡境庙报赛之戏，则自夏徂冬，依地之远近次第演之。渔人报赛之戏，多在各海山演之，谓之"谢洋"，其时期多在季夏。民间因祷疾免灾等而酬神之戏，谓之"愿戏"，多在境庙演之。演剧多在下午及晚间，自午晌至日落作为一台，自起灯至夜分亦作一台。乡间多有在午前演之者，谓之"早戏"，亦作一台，每台之费少者四五金，多至二十余金，而灯烛供神之费不与焉。全邑终岁演剧之费当不下数万金。近年倡办戏捐，闻每岁可得千金云。演剧之时，合境

老稚男女多往观之，各家多自备高椅或庋板为台，以便妇女坐观。拥挤之时，往往毁台倒椅，妇女有至堕钗遗舄者。无业游民多在庙侧摆设赌具，诱人往博，抽取头钱。而商贩亦皆设摊陈列食品玩具等以逐利，喧嚷之声常闻数里。

乡间多有在僻静之处唱演淫戏者，谓之"花鼓戏"，演者多甬中游民，近则多演绍兴之"的笃班"；演者常杂有嵊匪，往往为抢劫之媒，诲盗诲淫，莫此为甚。新剧及影戏间有向他处赁得在城中公共场所演之者，然因取戏资，故观者殊鲜。

除了由演员塑造人物角色的戏剧外，舟山群岛还流行木偶戏。

布袋木偶戏

这种不需布景道具、木制人偶长仅尺余的剧班，更适于在僻远小岛演出。有的岛山，从来没有剧团上去，而岛上人——尤其是妇女——也未到岛外的热闹处去过，当演员

民间布袋木偶戏深受渔村观众的欢迎

第一次上岛演出时，观众就慨叹："戏文看嘞多，人做戏文吭没看见！"

民国《定海县志》称木偶戏为傀儡戏，有如下记载：

> 傀儡戏有二种，俗皆称之曰"小戏文"。一种傀儡较巨者，谓之"下弄上"，皆邑中堕民为之，围幕作场，大敲锣鼓，由人在下挑拨机关，则傀儡自舞动矣。其唱白亦皆在下之人为之。一种小者，其舞台如一方匣，以一人立于矮足几上演之，谓之"独脚戏"，亦曰"凳头戏"，为之者皆外来游民。傀儡戏大者多民间许愿酬神演之，小者则多在街市演之，演毕向观者索钱，亦有以此许愿酬神者。

木偶戏上演费用低，故常常做连台本，其曲目多自越剧移植而来。

岱山东沙镇的"刘家道地"曾是木偶戏演出的专门场所。谢洋节期间，刘家道地是木偶戏表演者大显身手的最佳舞台。刘家有比

较宽敞的场院，且有围墙和墙门，便于检票和管理。主要的座位设在刘家堂前间。抗战时期，一个汉奸在刘家道地看木偶戏时被爱国人士枪杀，所用的手枪就丢在场院兼剧场内的一只大水缸里，事后才来取走。

[贰]曲艺杂耍

谢洋节期间的曲艺杂耍活动，主要由本地民间艺人表演，形式多种多样，如翁洲走书、唱新闻、伴扫地、杂技、耍枪弄棒、玩蛇玩猴、算命卜卦。表演者与欣赏者距离近、可互动，内容通俗易懂，非常接地气，历来为渔民所喜闻乐见。

一、翁洲走书

清嘉庆五年（1800），马岙民间说唱艺人安阿小首创翁洲走书，卖唱、传艺于六横岛，故亦称六横走书。20世纪40年代，第五代六横艺人虞定玉对渐趋完善的翁洲走书再行改进，以二胡或四弦胡琴伴奏，使曲调更加优美和谐。20世纪80年代初，舟山地区调查民间文艺时定名为"翁洲走书"。

翁洲走书表演者的服饰道具为长衫、扇子、手帕、惊木，伴奏乐器原是竹根笃鼓、笃板。常规演出为一人主唱，另一至两人伴奏（兼帮腔），表演者与伴奏者配合默契。其基本调为"慢调"与"急赋"，并吸收其他曲乐中的"二簧"、"流水"等曲调。演唱朴实、清晰，"四工合"帮腔为其特性音调，以唱、白、演为主要表演形式。翁洲走书的表演场所一般在大户人家的院子里，或者开阔的晒场，与唱新闻（唱蓬蓬）相似。

二、唱新闻

唱新闻，岱山称之为"岱山新闻"，俗称"唱蓬蓬"，又称"唱门头"、"唱船头"。始于17世纪中叶，艺人有江阿桂、王来法等，1895年左右由费阿水、周东海传入岱山，先后有虞才康、戎来坤、朱根堂、李邻惠、李后裕、张嘉儿、吴永兴等二十名艺人。"文化大革命"以后，由于后继乏人，日益衰落，多位艺人相继故世，至今尚留人间仅二三人。演唱者多为盲艺人，有边唱边乞讨者，故又称"讨饭腔"。

盲人唱新闻也是渔民喜爱的一种民间艺术形式

　　唱新闻是一种坐唱曲艺形式，分单口与双口两种。演唱时仅用击节乐器伴奏，主要有四样：一面小腰鼓（旧称花鼓筒），以小铁链连着一个小扁鼓，一只碟形小锣和一副小竹板。单口演唱时，艺人左手持小锣、竹板，右手持锣片、软竹枝、鼓槌，左腿上放小腰鼓。演唱者以不同节奏、不同点子、不同力度、不同速度敲打这些击节乐器，分别用于起句、句间过门、句尾，以渲染气氛、烘托情绪及转换演唱感情等。双口演唱时，除主唱外，由另一人敲击小鼓、伴唱并分饰次要角色。

　　唱新闻是仅用击节乐器伴奏的坐唱类曲艺品种，唱腔音乐结构为单曲体和联套体的混合体。它以几个基本曲调为主，间有一些能表达不同感情、情绪的曲调作为补充，融叙述、抒情、人物对话于一体，具有良好的表现力。

　　唱新闻的基本调有短韵调、长韵调（又称流水板）、哭调、单口调（播落调），经过艺人的长期演唱实践、修饰、加工，形成了动听又动情且十分口语化的艺术特色。此外还从民歌、小曲中吸收了诸如北沙调、白相五更调、堂命叹苦调等曲调，在演唱中插唱，增添了新鲜感和对比感，增强了表演效果。

　　唱新闻是20世纪渔民谢洋节期间渔村常见的艺术形式，常在渔村人户庭院或晒场上表演。艺人坐在中间，一盏围灯照明，听者围在艺人四周，黑压压一片，听得有滋有味。

跳蚤会

三、跳蚤会

跳蚤会，又称跳蚤舞，是一种民间舞蹈，又有固定的人物角色，亦舞亦剧，喜剧效果强烈。

跳蚤会形成于清乾隆五十五年（1790）前后，只有两位男性舞者，一人男扮女装跳跃逗趣，因舞姿酷似跳蚤得名，无人物形象和故事情节。民国十一年（1922），定海白泉艺人将"济公斗火神"的故事融于其中，始有济公与火神（女角）两个人物形象。济公身着僧衣僧帽，腰系草绳，手握破扇，左一闪右一闪地阻挡火神行进；火神身穿红绿花袄，一手握花伞，一手提香篮，左一闪右一闪地躲着济公前进，构成"驱赶火神，祈求太平"的情境。跳蚤会舞蹈风趣诙谐，节奏明快短促，寓意渔船或房屋建筑免于火灾，因此深受渔民欢迎。

四、小热昏

小热昏是一种民间说唱艺术，大约一百年前，起源于杭州、宁波等地的街头。小热昏艺人在街头巷尾作艺时，先在架子（用竹或木头做成，可以折卸，行话称"桥梁"）上摆好盛放梨膏糖的木箱（行话称"卖包"），箱子上放一面小锣和小锣片，以及三块竹板（或木板），因其小巧，故名"三巧板"，也有叫"三跳板"的，另有一把扇子、一块醒木和莲花板、小鼓等（根据各人需要，道具不尽相同）。箱旁放一长凳，两个人表演时加放一条长凳，长凳就是表演区。如果

在夜里演出，就挂起两盏帆杆灯（后改用汽油灯）。艺人一般身穿长衫，头戴折帽，俗名丘帽，站在长凳上。小锣一敲，可以招徕听众；醒木一拍，可以稳定听众情绪；扇子一扇，可以插科打诨。当听到竹板敲、小锣响，观众就会从四面八方走拢来，因为小热昏将开场了。街头唱小热昏的艺人往往以卖梨膏糖作为谋生手段，俗语云："大生意开当（铺），小生意卖糖。"

在岱山东沙镇，小热昏的演出地点多在宏场弄。曾经在渔岛演唱的小热昏唱段《水蜜桃》：

> 梅陀山，
>
> 生个阿囡梅多娇，
>
> 相貌真正生得好，
>
> 啊呀，众位会给其取绰号，
>
> 绰号会取水蜜桃。
>
> 水蜜桃，
>
> 走一步来扫一扫，
>
> 走两步来扫两扫。
>
> 嘟得儿扫过去，
>
> 大饼店门口来立牢。
>
> 大饼师傅看见水蜜桃，

相貌有介好，

人会弄嘞浑淘淘，

大饼勿做来格做糖糕。

糖糕会烧糊糟糟。

水蜜桃，

还要走来还要扫。

嘟得儿扫过去，

剃头店门口来立牢。

剃头师傅看见水蜜桃，

相貌有介好，

人会弄嘞浑淘淘，

嗦嗦三剃刀，

把人家眉毛头发统剃掉，

剃得来好像一盏电灯泡。

水蜜桃，

还要走来还要扫。

嘟得儿扫过去，

扫到药店门口来立牢。

刚刚小囝来嘞卖胡椒，

看见水蜜桃，

相貌有介好，

人会弄嘞浑淘淘，

胡椒勿包砒霜包，

一份人家吃嘞都会变软糕。

[叁]舟山锣鼓

　　舟山民间音乐，以舟山锣鼓为代表。舟山锣鼓源自航海和出海祭神活动，或在航船起锚、停靠、航行中消解寂寞，或在驱除"海怪"、遇雾天时传递信息。初称"码头锣鼓"，后在庙会及渔民祭海时演奏，又称"庙会锣鼓"、"海洋锣鼓"，明清时期称"三

舟山锣鼓

番锣鼓"。

《象山东门岛志略·社会文化》载：

　　海岛锣鼓。东门岛的"四十番"有悠久的历史。早在清乾隆初年，东门渔帮组织"太和公所"时就有了。其队伍庞大，击打大小不同的五只铜锣。有敲大铜鼓、小冬鼓、笃鼓、大铜锣、它它锣、铜牵钹、铜铃、敲木板，再配有二胡、板胡、京胡、三弦、琵琶、唢呐等乐器伴奏。人数少的十来个，多的几十个。节奏明快，悦耳动听，是渔家的交响乐。

　　东门渔帮的太和公所就设在东沙，故而东门的海岛锣鼓应该曾经在东沙角敲响过。

　　舟山锣鼓的前身是小唱班，即民族器乐合奏乐队。岱山岛上泥峙宫门小唱班是20世纪三四十年代当地最有名的小唱班，每个乐手均能敲锣打鼓、吹拉弹唱。岛民每逢婚嫁寿诞、红白喜事、新船下水、砌屋上梁等大事，均请小唱班演奏助兴，和当时的定海白泉"高家班"小唱班齐名。据《象山志书》记载，民国期间，泥峙小唱班曾被象山县邀请，

现代舟山锣鼓

参加当地重要的民间节庆活动。

舟山锣鼓是大套复多段吹打乐。乐队中吹、拉、弹、打各项乐器，配置齐全，两大主奏乐器排鼓、排锣别致新颖，演奏风格独特，音域宽广，音量对比鲜明，音响色彩丰富，具备表达多种情趣的功能。

[肆]迎神赛会

迎神赛会是一种集神灵信仰、祭祀、娱乐于一体，熔戏剧、曲艺、音乐、舞蹈和造型艺术于一炉的综合性文化形式。在舟山渔区各岛，一年中的迎神赛会有数次，其中"七月半"会正值夏汛谢洋时节，对于渔区来说应属谢洋节的重要组成部分。

《岱山文化志》载，清康熙二十七年（1688），"海禁重开"，原岱山籍"移民"在客居内地三百年后返归故里，并有不少内陆人来海山定居开发。经数十年，岱山经济复苏、风化重开。尤其乾隆、嘉庆二朝，兴起大建社庙之风，先后有二十余所大型社庙遍及全境，侍奉民间信仰之诸神。既有信奉，必有祭祀，此时自然将内地早已成熟的文化传统融入海乡。于是以社庙为中介，约于乾隆前期（1750年前后）始，迎神赛会在岱山本岛兴起。

赛会时，各庙组队集齐、逐庙游行。其队列由长号、铳炮、珠龙、大纛旗、八封旗、大彩旗、旗锣、头牌、十八联灯、大旗等仪仗为前导，后跟随各社节目，有高跷、鼓船、抬阁、十番、跳蚤会、地戏、矮凳会、罗汉会、龙灯、走马灯、舞狮、杂耍、"三百六十行"、大刀会、大头娃娃、赤膊小鬼等，其中间隔各庙神像，最后由东岳大帝及其仪仗压阵，首尾长达五六里，且行且演，各献其艺。凡到一庙，必以五牲大礼迎祭，名曰"爵献"；中途村落，多有乡民以茶果糕点迎祭，名曰"茶献"。爵献和茶献之时，尤为各类节目表演竞技之机。沿途锣鼓喧天、彩旗纷扬、老幼倾宅、竞相追观，如此持续两到三天。其时，各类小吃杂业尾随而集，并时有斗殴和抢亲等事端发生。

新中国成立后，迎神赛会汲取艺术精华，推陈出新。1954年1月，在东沙镇孙家操场举行全县首次民间艺术会演；1984年10月1日，庆祝新中国成立35周年，由各乡镇组队，在高亭、岛斗两镇同时举行民间传统艺术大会串；2005年、2012年夏，时值中国海洋文化节谢洋祭海大典之际，举行岱山民族民间艺术踩街活动，各类民间表演形式纷纷亮相，引起轰动。

在舟山本岛，庙会颇多，其规模最大的迎神赛会也于正月半举行；在谢洋时节举行的单庙小会，据民国《定海县志》载：

迎城隍神者曰"城隍会"，惟城中赛之，岁凡三次，曰"清明"，曰"七月半"，曰"十月"。朝迎，必以夜出北门至镇鳌山之义冢间，曰审判鬼事也。夜深而始返城，其铺张则远逊东岳会。

在七月间，沈家门则赛"纸会"，桃花岛则赛"藕花会"，各乡往观者颇众。

据老人们回忆，民国二十六年（1937）岱山举行迎神赛会，盛况空前。以下按民间艺术形式的种类，逐一简述。

一、旗类

1. 大旗。八卦旗为大会会旗，约六丈见方，用八匹杭纺制成，中绣八卦图案，以长毛竹为竿，旗顶用金属搭标击铃。用四根"样索"，四支柱竿，两人胸挂皮套，协扶而行，旗子迎风飘扬，远远望之，威武壮观。此种大旗，会中尚有多面，有五色旗、九色旗、龙凤旗、雄狮旗等，掌旗会友必须年富力壮。

2. 五彩旗。三角形或方形，用绸布制成，旗头搭枪、飘带，以竹为竿，一人一面，负之而行，迎风飘展，五彩缤纷，远望亦颇美观，但以多为胜，一队起码三四十面，以七八十面为宜。

3. 头旗，亦叫大纛旗，乡人俗叫"大肚"。阔约四尺，长约六尺，蜈蚣爪镶边，旗头搭枪结彩，花球彩带，用金线绣成，一人皮套扶持前进，后用撑竿四根，较之舞台上的大纛旗实是大得多了。

4. 门枪旗。其形状与大纛旗相同，不过一长一短，一阔一狭，门枪旗长约二丈余，阔约二尺，亦用缎布绣成，以竹片为筋，串搭旗杆，用"样索"撑竿，扶掖而行，八面威风。小型的俗称蜈蚣旗，则以多为胜也。

5. 令旗。以三角形居多，为各会社带头开路旗，故会社都配有这种旗帜，以壮观瞻。

6. 打彩旗。为会社中最普遍使用的长方形水旗，为维护秩序、指挥队伍之用，色彩以鲜明为主。

二、灯类

1. 连灯。连灯有好几种，大的俗称十八连灯，用木材做框，长二丈四尺至三丈不等，形如长梯，内分十八级，每级挂灯一盏，顶架结彩装饰，还书写"国泰民安"、"风调雨顺"、"五谷丰登"等吉联；左右挑灯两盏，亦用"样索"及撑竿，两人肩负而行。夜间点灯，色彩雄壮美观，掌灯之人亦需年富力壮者。还有一种小型的，连八灯或九灯，一人持之而行，一队几架，灯的颜色、花样各有不同，匠心独运，别具一格。

2. 荷花灯，俗称"荷花铳灯"。用上等锡铸成，一队数十盏，整齐划一，引人注目。夜间则换为纸制灯罩，灯光灿烂，尤为美观。其掌灯之人均系十一二岁童子，一律锦装绸缎。

3. 彩灯。种类很多，别出心裁，一社起码二十四盏，均由孩童执掌，尤以夜间最为壮观。

4. 船灯。以竹木为架，用绸或纸扎成，搭牌结彩，做成各种船形，用两人在船内抬之而行，以船帮主办为多。

谢洋时期正是民间马灯表演的高峰期

5. 马灯。宁波马灯原来就颇有名，赛会中的马灯马匹多而式样更新颖，沿途有表演或歌唱。

三、长龙

因制作材料和所承担任务的不同，龙的大小既不一致，名称亦有区别。

1. 开路老龙。大会行列的第一条龙谓之开路老龙，因老龙识途，故名。由熟悉路径的柱首引香领队，队伍的行止快慢均以此龙为准，并以头旗为唯一目标。

2. 护身龙。每尊菩萨必须有一条护身龙，龙的色彩必须与菩萨神袍颜色相同，且属于坐堂会一份子，随菩萨行止。

3. 珠龙。东沙有两条大珠龙,为宁波一带闻名。其一为北柱红珠龙,长二十四节,龙身直径大约三尺,全身龙衣由杭缎做成,并以苏绣精工绣镶,龙头至龙尾全挂以珠串,每节彩牌龙鳞均在苏州定制,五光十色,耀眼生辉。龙头珠牌,直径达六尺,仅背龙头必须十人之多,用柱竿铁串扶持前进。尤其夜间张灯后,两只龙眼用干电池发光,各节龙背,红绿明角灯笼,灿若繁星,尤为壮观。其二即为南柱白老龙,除颜色外,其大小、制作工艺均与红龙相同,更生有红、黄、蓝、白、黑五条小龙,依依绕行于母龙之前,其设计尤为巧妙。

4. 旗龙。小龙两条,肚下挂旗锣,故名旗龙。设用木架两只,各四足下地,足下生轮,可以推之而行,顶披龙衣,昂首翘尾,鬃眉毕张,栩栩如生。以两人敲锣,两人推之而行,为大龙开道。

5. 龙灯。以小龙为灯,用竿高擎于赛会前,夜间龙腹各挂汽油灯一盏。此种龙灯多用于高跷之前,乃照明设备。

四、器乐

1. 响器。每一会社前,均配以响器一班,以为行进或表演时伴奏之需,以锣、鼓、镗、钹等六件组成。通常以敲打"进行曲"、"将军令"等为主,表演时则随曲变调,相互配合,有些能手更可敲出各种曲调,当然皆需事先训练。

2. 国乐队,即管弦队。以笛、胡琴、笙、箫及琵琶、三弦等组成,一队十余人,均由平素对国乐有丰富经验者担任。沿途细吹细打，奏出各种曲调，其悠扬节奏，殊能扣人心弦。

3. 鼓架，亦名鼓船。船用上等木材雕刻镶嵌，精工制成，虎头旗尾，中砌八角亭楼，彩牌灯球，用四人抬之而行。内配鼓手一人，右弦外搭大小锣多面，另有锣手一人，以及敲小响器者二三人。船后围以彩带，后有管弦乐手一班，沿途奏出"梅花三弄"、"赵御国"、"一江风"、"小起班"等名曲，由锣鼓手随调敲出各种节奏，互相配合。

4. 号筒及喇叭。各会社中常配号手及喇叭手一二人，沿途吹奏以助兴。如抬阁高跷会前之长喇叭手，或神轿前之小喇叭队等，均能吹出美妙音节。

5. 西乐队。这是民国以后新兴的会社，由当地会社柱首从上海或宁波雇佣而来，男女均有。除沿途参加游行外，遇爵献或行宫里，环坐台上，奏出各种新乐，以娱观众。因其服装及乐器新颖，乡人多以猎奇目光视之，亦颇能轰动一时。

五、杂技

1. 大刀队。演出队伍必须经过特别训练，拳术之外兼谙武器才能临场。其成员尤须以年轻体壮者充之，十八般兵器件件皆全。此种会社不仅在赛会时有游艺性演出，在平时更是一个发扬尚武精神的组织。

2. 高跷。分成人队和儿童队两种，儿童队高跷高仅五六尺，成人队高跷有高至十尺以上的（俗称大高跷），扮演各种戏曲人物，艺术性与技术性兼具。尤其成人高跷，往往演出惊险镜头，博人眼球。例如"火烧连营寨"一剧，放火者手执火具，沿途放火烧营，扮演之人必须倒行，一面表演，一面行进，殊非易事。

高跷表演

3. 舆马。匹数多少不拘，有时因马匹缺乏，以牛代替，牛角挂彩。马背搭方形彩亭一座，其形如轿，故称舆马，俗称"马上加轿"。内坐年轻孩童或女子，或扮成各种戏曲角色，或拉琴唱曲。

4. 八仙班。孩童扮八仙过海状，用响器伴奏，前后以门枪旗为队眼，沿途表演各种阵法。

5. 大头班。亦系孩童扮演，头罩大头和尚脸壳，亦有响器伴奏，表演各种短剧，以滑稽为胜。

6. 杂耍。每班由一两个成人组成，有唱道情的，有打凤阳花鼓的，也有类似北方数来宝的，且歌且舞，以唱吉利讨彩歌曲、表演相声白话、耍噱头滑稽为主。

六、其他

1. 抬阁。以木料做小型戏台一座，上搭彩牌，由孩童扮成各种

角色，或站或坐，以扮相精巧为胜，最高踞坐的，则另用铁架搭成，摇摇晃晃，颇引人欣赏。抬阁由八人抬行。

2. 赤膊小鬼。由清秀孩童二三十人组成，头戴鬼脸盔，身穿棉背心，腰缠双胄，赤膊盛装，手执小伞。其重点在带头的鬼王，另有大小头鬼、牛头马脸以及殿后判官、阎王等，各执法器，摇摆前进。

3. 矮凳会。由四五岁小孩组成，盛装古服，各执小凳一只，凳上各插国旗或生肖旗一面，列队行进。均由大人在旁扶持，中途不胜足时则由大人肩负而行。这种会社，多因父母珍视自己骨肉而参加菩萨行列，希望菩萨保佑，百病不侵，长命百岁。

4. 罗汉会。由十一二岁孩童扮成，光头戒疤，各着袈裟，外披搭衣，手执法器，带头为令旗，由韦陀菩萨领队，殿后者为善财龙女一对，以及女子扮演观音大士。全队仪态万千，颇具匠心。

5. 轮船会。东沙念母岙永兴社所出一大轮船，船长八丈，高一丈余，用竹扎架，外糊以纱布，烟绕桅杆一应俱全，打造得惟妙惟肖，内有八人抬之而行。该轮特色，两沿有巨炮，炮系竹制成，中间有缺口，用火油灌之，燃烧时用厚纸焖之，即发出巨大炮声（俗称火油炮）。沿途鸣放，犹如炮舰一般。

6. 龙船会。船由木板制成，龙头龙尾，鳞甲斑斑，船中孩童三十个，做扳桨竞渡状，船中亦置响器队一队，沿途敲打，为竞渡助兴。

7. 跳蚤会，又名跳灶会。系民俗舞蹈，因舞姿如跳蚤和妇女跳到灶上撒尿就能灭火的传说而得名。它的形式是男女对舞,男饰济公,女扮火神(若男扮女装,其服装为红衣绿裤),意为"济公斗火神"。行会时,两人用粗草绳围成长方形,边舞边唱,唱法似小热昏。除事先准备的曲调外,能触景生情,见机应唱,吸引围观者兴趣。

8. 中山会,亦称革命军会。为北伐后新兴会社,全队七八十人,均系孩童扮成海陆空三军,每军二十人,以国旗军乐为前导,服装整齐,全队荷以木枪,一队有一队军官,最后有彩舆一顶,内挂孙中山先生像,沿途高唱军歌,歌声与步伐一致。

9. 香担。每一会社均配有香担,亦有用板车的,虽亦结彩挂灯,实际为各会担挑衣服及礼品之用。

10. 醒狮。狮用竹木彩布制成,体积庞大,有人抬之而行,昂首怒目,凶猛威武,雌雄相对为准。与小型的舞狮不同,舞狮以表演取胜,醒狮以威武见长。

岱山渔民谢洋节的文化价值

岱山渔民谢洋节的祭海原始性、信仰多样性、参与广泛性等特征，具有重要的历史价值和艺术审美价值，体现了鲜明的海洋文化特色。

岱山渔民谢洋节的文化价值

[壹]主要特征

一、谢洋祭海的原始性

谢洋祭海的对象是以海龙王为代表的诸海神。海龙王是主宰海洋世界的神灵，神通广大，对人类掌有生杀大权，这是岱山及舟山渔民自古以来的原始认知。从龙王信仰产生以来，尽管海洋神灵信仰已从单一化趋向多元化，但龙王信仰作为岱山本土的原始信

谢洋祭海大典上将龙王神位请至祭坛

仰,始终存在于岱山及舟山民间,人们一如既往地将东海龙王视作东海中最大的海神,希望能以虔诚的祭海仪式博取龙王的同情,获得海上作业的平安及捕捞丰收。岱山的龙王及海神信仰因渔业而丰富,因渔民而兴盛,并在漫长的历史进程中融入了岱山民众的生活,成为渔民们共同的心理寄托,增强了他们战胜困难的信心和勇气。这是岱山及舟山渔民对东海龙王和诸海神信仰中的普遍特征。

二、神灵信仰的多元性

清康熙年间至民国时期,华东浙苏闽沪三省一市渔民会聚岱衢洋渔场及东沙、岛斗两镇,将不同的生产生活方式及宗教信仰带入岱山,也影响了岱山民间。因此,岱山渔民除信仰龙王外,还有诸多神灵,如船关老爷、妈祖、观音及地方神灵如羊府大帝、陈将军等。由于这些神灵都有一个共同特点,即拥有神通,且有排忧解难、保佑平安的人性特点,所以都能被岱山渔民接受,受到敬重与崇拜。当灾难来临时,渔民就会自然而然地向神灵祈祷,盼望神灵相助。当灾难过后,渔民也会知恩图报,祭祀神灵,兑现诺言。

三、鲜明的海洋地域性

舟山群岛民间的海神信仰随着世代传承和不断的创新发展,形成了内容广泛、内涵丰富、积淀深厚的地域性龙文化。龙传说、龙故事、龙谚、龙歌、龙谣、龙戏、龙舞、龙画及龙习俗、龙工艺和龙地名等,可谓丰富多彩、包罗万象,构成了舟山群岛海洋气息十足的龙

文化体系。

以祭祀东海龙王及诸海神为主要内容的岱山祭海风俗,是当地现存祭祀传统文化最重要的组成部分,它的存在与海洋渔业生产、岛上的渔民生活紧密地联系在一起,承载着岱山人民许多重大的历史文化信息和原始记忆,使古老的祭祀礼仪和民族民间文化艺术表演形式经由渔民谢洋节活动保留下来。因此,作为一种海岛文化形态,祭海在我国海岛民间信仰中具有鲜明的代表性。

四、民众参与的广泛性

岱山岛屿众多,但村村岙岙的祭海风俗相似。一船一祭,逢节祭祀。渔业、海商、海运等从业者,无论身份高低、地位尊卑、年龄长幼,只要是与海打交道的人,每逢出海、拢洋、休渔谢洋、新船下水及海难事故,均要尽最大努力供奉祭品,祭祀龙王,且态度庄重,内心虔诚。以渔为业的村村岙岙代代相传,形成了庞大而广泛的群体参与、群体传承的特征。

五、文化艺术的综合性

岱山渔民谢洋节期间,从谢洋祭海到举行丰富多彩的文化娱乐活动,历时一月有余,时间跨度大,活动形式多,民俗气息浓。谢洋节并不仅仅停留在祭海仪式上,还汇集了民间文学、音乐、舞蹈、戏剧、曲艺、杂技、美术、手艺、技艺等形式,千姿百态,精英荟萃,形成一种综合性特征。

[贰]重要价值

一、历史价值

岱山官方祭海，从史志记载的隋朝陈稜刑马祭海，至唐、宋、元、明、清历代的官方公祭龙王，经历了近1400年。岱山民间祭龙王及诸海神，具有渔区特殊性，侧重于求龙王保太平、祈丰收，并与妈祖信仰、观音信仰、船关老爷信仰等并存。祭海经历不仅见证了始于公元3世纪的岱山渔业生产的发展历程，也见证了清乾隆朝以来的300余年间岱山渔业资源从繁荣到衰落的历史轨迹。

二、艺术审美价值

祭海谢洋的祭祀过程中，从祭品祭器的精细制作、精心摆设及精巧造型到虔诚肃穆的祭祀仪式，从民间文艺的表演形式到涉及五千年民族历史的内容，从渔民的服饰、道具的制作到艺术表演的五彩缤纷，都体现了渔民欣赏美和创造美的能力，具有个性鲜明、海洋特色浓郁的艺术审美价值。

三、社会和谐价值

传统文化是一个民族的根和精神支柱，作为一种沿袭千百年的民间习俗，岱山谢洋祭海不仅体现了岱山岛的良风厚俗，同时也对渔民起到一种道德约束的作用。

岱山渔民谢洋节所开展的祭海活动和民间文化艺术活动，能引起民众的共鸣。规模盛大的海洋文化节谢洋祭海大典让岱山人引以为豪，文化艺术的演示、展览、比赛活动，不仅显示了渔人的聪明才智与文化创造力，体现了自身价值，还增强了民心的凝聚力，促进了社会和谐。此外，休渔养海、放生增殖等活动强化保护海洋的理念，在海洋渔业资源严重衰竭、海洋环境日益恶化的情况下，有利于提高人类保护海洋的共识，促进人与自然的和谐共处。

四、经济价值

每年的夏季谢洋节期间，外地游客来岱山进行文化交流、旅游考察的人数明显增加；招商引资、经贸合作项目增加，文化及海洋经济领域消费活跃，有力地带动了岱山国内生产总值的增长。

渔民谢洋节也积累了发展县域经济的智力资本。通过邀请在海洋科研领域作出突出贡献的院士及专家学者参加节庆活动、参与学术研讨等，搭建出谋划策的平台，一批对海洋经济、海洋文化有深入研究的专家共同为岱山的海洋经济发展、海洋文化繁荣献计献策，助推岱山海洋经济的发展。

[叁]理论研究与文化交流

一、举办"东亚岛屿文化"国际学术研讨会

2005年6月17日，在舟山市岱山县秀山岛举行了"东亚岛屿文化"国际学术研讨会。研讨会由浙江海洋学院人文学院、岱山县旅游局主办，中国海洋大学海洋文化研究所、韩国木浦大学岛屿文化研究所协办。作为首届"中国海洋文化节"的重要内容之一，来自中国社

会科学院、浙江省社会科学院、湛江海洋大学、广东大学、韩国木浦大学的国内外50余名海洋文化研究领域的专家学者到会交流。中国社会科学院卜崇道教授、上海市社会科学院蔡丰明研究员、天津市社会科学院王金林研究员等25位学者作了精彩的发言。会议强调，在新世纪要重视海洋文化建设，推进"海"、"陆"文化二元同步。

二、成立浙江省海洋文化研究会

2006年6月16日，浙江省海洋文化研究会在岱山县成立，并举行"中国海洋文化与浙江"学术研讨会，来自省内外的80多位海洋文化研究领域的专家、学者与会。浙江省海洋文化研究会以人类和海洋和谐共存为研究方向，为推动海洋发展战略的实施，加快建设浙江文化大省、海洋大省作出贡献。研究会定期举办和组织研讨会、

浙江省海洋文化研究会在岱山县成立

讲座、海洋文化节以及出版海洋文化研究丛刊，组织具有海洋特性的教育科技和文化艺术等活动，为会员之间的学术交流提供平台。同时，该研究会还提供海洋政策咨询，宣传海洋法律法规，普及海洋科学知识，以提高全社会海洋工作者的学术水平和管理能力。浙江省海洋文化研究会近期讨论的要点是东方大港与海洋文化、河姆渡文化的海洋特征、浙江海岛民俗文化和浙江与海上丝绸之路等十个方向。

三、举办首届中国民间海洋信仰与祭海文化资源研讨会

2010年6月18日至19日，中国海洋学会、中国太平洋学会、上海海事大学、浙江省海洋文化研究会和岱山县人民政府在岱山县联合举办首届中国民间海洋信仰与祭海文化资源研讨会。该研讨会是2010年舟山群岛"中国海洋文化节"开幕式活动之一，目的是探讨祭海文化资源现状，不断深化和创新祭海文化内涵，推动全国祭海文化资源的交流与合作。北京、上海、山东、江苏、浙江、福建、广东等地的30多名专家、学者应邀出席会议，并提交20多篇学术论文，围绕中国的海洋信仰及特点、各地祭海活动、祭海文化资源的保护和利用以及海洋历史等议题展开讨论。29篇文章收录于《中国民间海洋信仰与祭海文化研究》一书。

四、举办第二届中国民间海洋信仰与祭海文化资源研讨会

2011年7月12日，来自国内外的40余名专家、学者聚会岱山县秀

山乡，研讨中国民间海洋信仰与祭海文化。本次研讨会由中国海洋学会、中国太平洋学会、浙江省海洋文化研究会、上海海事大学和岱山县政府主办，主题为"文化·生态·交流——祭海文化的多元价值"。研讨会上，共有9位专家、学者发言，收到相关论文33篇。欧洲著名汉学家、德国慕尼黑大学汉学系教授普塔克阐述了东方的海神妈祖与西方圣母玛利亚信仰的异同，香港大学亚洲研究中心研究员钱江则阐述了古代航海文明圈的蛇图腾信仰与海神崇拜。与会人员还就各地祭海文化建设及资源开发保护、祭海活动与当地旅游产业联动整合等课题开展了探讨。研讨会上，还举行了《中国民间海洋信仰与祭海文化研究》丛书首发式和"海洋信仰与祭海文化研究交流中心"揭牌仪式。

第二届中国民间海洋信仰与祭海文化资源研讨会在岱山县秀山岛举行

五、举办中国海洋文化论坛

2013年7月12日，由国家海洋局、浙江省人民政府主办，浙江海洋学院、浙江省海洋文化研究会承办的2013年中国海洋文化论坛在舟山市行政中心隆重开幕。本届论坛的主题是"美丽海洋　美丽海岸"。国家海洋局及浙江省政府、政协有关领导，国内涉海高校，省内杭州、宁波、温州、台州、嘉兴、绍兴等地海洋文化专家，舟山市各部门、各县（区）政府代表，浙江省海洋文化研究会代表，浙江海洋学院师生代表等近250人参加开幕式。

六、撰写论文、论著，创作文艺作品

近年来，舟山市及岱山县的文化艺术工作者和专家、学者通过多种途径和手段，深入渔村，深入群众，努力挖掘岱山海洋文化资源，悉心研究海洋文化内涵，在保护与传承渔民谢洋节祭海民俗、探索民众宗教信仰等多方面取得了显著成果。《岱山史话》、《东沙史话》、《舟山方志中的三大龙王》、《舟山群岛民间海神信仰与祭海文化资源的开发及利用》、《从民间祭海到渔民谢洋节》、《从祭海仪式看岱山民俗文化的传承与发展》、《舟山市海洋文化资源现状与研究》、《舟山群岛海龙王信仰的三维结构与社会功能》等一批专著及论文在国内出版或在各级报刊发表。

编印《谢洋大典》连环画。全书分四章，近万字，以连环画和文字的形式记录了滥捕龙怒、观音化解、休渔风波、祭海谢洋等与海

"岱山渔风系列"《谢洋大典》封面

岛人民群众息息相关的文化记忆和古老传统。《谢洋大典》的出版发行旨在加强人们对渔民谢洋这一非物质文化遗产的认知和保护意识。

岱山20位渔民画家集体创作《谢洋图》。作品以岱山渔民谢洋为主题，从渔民归港、收获、鱼市、祭海、乐舞、休渔、出洋等几方面，生动形象地反映历史上岱山渔民谢洋节期间祭海及生产生活的情景。该作品长40余米、宽1米，被誉为海岛的《清明上河图》，受到社会各界人士的好评。

岱山渔民谢洋节的保护与传承

随着渔村中懂得谢洋祭海习俗的年长者不断减少，岱山渔民谢洋活动正面临逐渐消亡的危机，亟待保护与传承。

岱山渔民谢洋节的保护与传承

[壹]濒危状况

岱山谢洋祭海习俗，从古到今，世代延续。20世纪50年代初，谢洋祭海活动被作为封建迷信予以取缔。"文化大革命"中，渔村中绝大部分龙王宫殿、龙王塑像等遭受了毁损和严重破坏。谢洋祭海活动虽在一些年长的渔民中悄然进行，但由于懂得谢洋祭海习俗的年长者逐渐减少，这一习俗正面临消亡。

一、龙王信仰的外部条件发生急剧变化

海洋渔业捕捞逐渐走向现代化，渔船规格从小型木帆船发展到大型机帆船和渔轮，外壳质地由木质发展到钢质。雷达导航、卫星通讯、探鱼仪等现代化设备仪器广泛应用，气象预报准确率显著提高，这些都使海洋捕捞的安全系数大幅度提升。

在海岛各渔区，在宗教保护政策的落实中，龙王及诸海神的宫殿庙宇由于属小宫小庙而被列为拆除对象，相关建筑及神像雕塑多被人为损毁。民间自发修建龙王宫殿庙宇因种种原因受阻，步履维艰。

二、现代渔民信仰向多元信仰转变

随着现代渔民教育程度的提高和科学知识的广泛普及，龙王信

仰总体呈滑坡态势，依靠祭祀龙王获得丰收和平安的观念逐渐淡化。同时，宗教信仰的多元化也导致了龙王信仰的边缘化。

昔日劈波斩浪的老渔民正在老去

岱山毗邻我国四大佛教名山之一普陀山，那里是观音菩萨的道场。观音菩萨以救苦救难、大慈大悲名扬华人世界。改革开放后，许多岱山民众赴普陀山朝拜，观音菩萨成为现阶段大多数渔民心中的保护神。此外，妈祖信仰、西方基督教信仰等共同构成多元信仰态势，给龙王信仰造成了巨大的冲击。

三、后继无人，传承困难

据调查，目前从事谢洋祭海活动的渔民年龄均在60岁以上。新生代渔民随着生产、生活方式的改变和社会的发展、观念的更新，对龙王、海神的信仰逐渐淡漠，对谢洋祭海程序、操作、器具、供品、禁忌等基本内容所知甚微，也不愿主动学习。老一代望洋兴叹，传承出现断代。一旦精通谢洋祭海之术的老渔民全部故世，传统习俗将随之失传。

[贰]保护与传承

2003年以来，岱山县党政领导十分重视海洋"非遗"的保护、传承及资源的利用，尊重民意，全民动员，科学规划，上下联动，出台相关政策，充分挖掘和利用海洋文化资源，组织开展了以中国海洋文化节为代表的多种具有海洋文化特色的民俗传承活动。

2005年8月，中共岱山县委发出《关于加快建设浙江省重要的海洋文化基地，全力打造海洋文化名县的决定》。决定要求全县上下以弘扬海洋文化为切入点，以海洋文化节、海洋文艺精品、海洋系列博物馆为三大支撑点，实施打造全国重点海洋文化县的战略目标。

2006年，中共岱山县委、县政府成立岱山县物质与非物质文化遗产保护领导小组，县委副书记任组长，宣传部长、分管副县长任副组长，全县各部门及乡镇主要领导任成员，并在县文化广电新闻出版局设立办公室，文化局长兼任主任。随后又成立了岱山县祭海工作小组，分管副县长负责项目的实施。祭海民俗保护工程在全县干部群众中形成了共识。确立在每年东海伏季休渔期举办中国海洋文化节，以休渔谢洋祭海大典为开幕式。县政府会同有关企业投资2300万元，在岱山后沙洋"鹿栏晴沙"刑马礁旧址，建成中国首个祭海坛，作为举行中国海洋文化节谢洋祭海大典的专用祭台。

一、以传统谢洋祭海的形式，组织开展现代谢洋祭海活动

2005年6月，岱山县在高亭镇仙洲公园举行首届中国海洋文化节开幕式谢洋祭海大典。

主要内容：第一篇《千帆归港》，第二篇《海龙飞舞》，第三篇

海坛铭　万牧撰文

人类涉海，文明初生。为舟楫，为渔盐。欣而游，乘而航，扬帆越古。人海相体，与时俱进。乃有珠球远航，而舶浮天。欧风东渐，美丽西来。史鉴维心于当日，中国积弱于斯时。明清海禁，遂失良机。落后挨打，白海始也。

足知海贵则国贵，海衰则国衰。多难兴邦，海边更咎，四海醒矣，九州鹏飞。邓公一言，重于九鼎，丹道更张开放大族。朗航路，接轨五洋，湖水，封诸天地人和。中华崛起，亦自海始。

开疆鼓鼓而思将帅，观洪涛而见蛟龙。离兴邦，海远救海，展界海之蓝图，乃仿天地坛，摒海坛于岱山。岱泰别老，封禅仙岛，盛世桃源。绍博孕而大孔子，而祀神灵，诸博孕而大孔子，洪纳大邦，海坛之设，浩浩渝海，不亦宜乎。是为招波，诏锡坛寺。

岱山县人民政府立石
二〇〇六年六月十六日

岱山《海坛铭》

耸立在海坛的定海神针

岱山海坛石刻

《祭海谢洋》，第四篇《休渔养海》。

主办单位：中国海洋学会、中国海洋报社、浙江海洋学院。

主题：弘扬海洋文化，实现和谐发展。

主要亮点：全县各有关单位组建各类表演方队，进行全县踩街大巡游；海洋节庆活动首次"不请明星请院士"。

谢洋大典后，相继举办了"翡翠岱山"大型灯展、全国渔歌邀请赛、中国海鲜烹饪大奖赛等活动，以及"东亚岛屿文化"等海洋主题学术研讨会。

2006年6月16日，岱山举行第二届中国海洋文化节开幕式暨休渔谢洋大典。

主要内容：海坛出世，千帆归港，祭海谢洋，休渔感恩。

首届中国海洋文化节谢洋祭海大典

主办单位：中国海洋学会、中国海洋报社、浙江海洋学院。

主题：弘扬海洋文化，实现和谐发展。

主要亮点：建成海坛，通过国家商标局注册；系列博物馆开馆仪式；韦唯演唱主题歌《感恩海洋》。

谢洋大典后，相继举办了沿海地区海洋贝壳博览会、海洋文化民间民俗踩街表演、全省沙滩风筝邀请赛、"我为泥狂"秀山泥浆节、中国东海海鲜美食大赛、全国名作家看岱山等活动，以及浙江省海洋文化研究会成立暨浙江海洋文化研讨会、国际海洋高新技术论坛、中日关系史上的舟山（岱山）国际研讨会等一系列海洋学术研讨活动。

第二届中国海洋文化节谢洋祭海大典

观摩祭海大典的观众

2007年6月16日，举行第三届中国海洋文化节开幕式暨休渔谢洋大典。

主要内容：渔家傲·归航，鱼满舱·祭海，醉蓬莱·感恩。

主办单位：中国海洋学会、中国海洋报社、舟山市人民政府、浙江海洋学院、

第三届中国海洋文化节开幕式暨休渔谢洋大典

浙江省海洋文化研究会。

主题：弘扬海洋文化，实现和谐发展。

主要亮点：面向省内外公告招投标策划公司；王刚担任主持人，白雪演唱主题歌《感恩海洋》。

谢洋大典后，相继举办了"我为泥狂"秀山泥浆节、海洋"魅力之星"评选以及首届中国海洋文化论坛暨长三角海洋文化研究交流合作会等活动。

2009年3月18日，高亭镇一村渔民在中国海坛举行岱山民间祭海活动。

2009年6月2日，高亭镇山外村渔民在中国海坛举行岱山民间祭海活动。

2009年6月16日，举行第四届中国海洋文化节开幕式暨休渔谢洋大典。

主要内容：以感恩海洋、休渔谢洋、祈福平安、人与大海和谐相处为主题，包括汇聚（岱山民间民俗表演）、告祭（固定的祭祀仪式）、礼乐（大型歌舞表演）三项内容。

主办单位：中国海洋文化节组委会。

主要亮点：采取全县公推形式选拔主祭，使用平安旗、玉龙柱等代表物品，邀请全国渔业劳模代表参加，开展大黄鱼港渔港秀主题灯展等活动，董文华演唱主题歌。

第四届中国海洋文化节开幕式暨休渔谢洋大典

谢洋大典后，相继举办了浙东片海洋文化体育展示大会、全省青少年湖外体育夏令营活动暨海洋系列博物馆之旅等活动。

　　2009年9月15日，岱东镇龙头村60名渔民在海坛举行开洋祭海仪式，200余名渔民家属参与祭拜。

　　2010年5月10日，岱东镇龙头村65名渔民在海坛举行祭海仪式，200余名渔民家属参与祭拜。

　　2010年6月10日，岱东镇沙洋村50余名渔民在海坛举行谢洋祭海仪式，近200名渔民家属参与祭拜。

　　2010年6月18日，举行第五届中国海洋文化节开幕式暨休渔谢洋大典。

第五届中国海洋文化节开幕式暨休渔谢洋大典

主要内容：开幕式和祭祀仪式。

主办单位：国家海洋局、浙江省人民政府。

主要亮点：国家一级演员刘劲同时担任开幕式主持人和祭祀仪式司仪。

谢洋大典后，相继举办了和谐欢乐之夜——民间民俗大巡游、大黄鱼增殖放流、中国民间海神信仰与祭海文化资源开发研讨会、2010首届中国海岛超级英雄挑战赛等活动。

2011年6月16日，举行第六届中国海洋文化节开幕式暨休渔谢洋大典。

主要内容：颂辞迎客，祈福海洋；雅乐和正，祭海谢洋；风从海

第六届中国海洋文化节开幕式暨休渔谢洋大典

来，歌舞谢洋。

主办单位：岱山县节庆活动领导小组。

主要亮点：设计专门的"小螃蟹"LOGO；"环保我先行"理念贯穿始终；"黑鸭子"组合演唱主题歌。

谢洋大典后，相继举办第二届中国民间海神信仰与祭海文化资源开发研讨会、首届"岱山杯"全国海洋散文征文大赛等。

2012年6月16日，岱山海坛举行第七届中国海洋文化节开幕式暨休渔谢洋大典。

主要内容：开幕式、祭祀仪式、歌舞谢洋。

主办单位：国家海洋局、浙江省人民政府。

主要亮点：突出祭祀仪式部分的恭请龙王、谢洋放生、参祭敬香三个重要环节；加强歌舞谢洋部分，以《龙腾鱼跃》为主线进行大型广场歌舞展演；著名音乐人郭峰加盟演唱。

本届谢洋祭海大典由岱山高亭一村渔民赵鼎善主持祭海仪式。

谢洋大典后，相继举办第二届"岱山杯"全国海洋散文大赛、全国舞龙精英赛（岱山站）、全国名作家"蓬莱仙岛"采风、全县青少年龙文化大赛等活动。

2013年6月16日，岱山海坛举行第八届中国海洋文化节开幕式暨休渔谢洋大典。

主要内容：开幕仪式、祭祀大典、歌舞谢洋。

第七届中国海洋文化节开幕式暨休渔谢洋大典

第八届中国海洋文化节开幕式暨休渔谢洋大典

主办单位：国家文化部、国家海洋局、国家旅游局、浙江省人民政府。

主要亮点：主题为"与梦想同行"，突出新区特色，融入"正能量"、"最美"、"梦想"等元素，把岱山国家级"非遗"项目"渔民谢洋节"民俗有机地融入其中，使整个大典更具本土性、民俗性和时代性。

由土生土长的岱山渔民担任谢洋祭海大典司仪

祭祀司仪由岱山高亭一村渔民代表赵鼎善担任，邀请其他沿海地区渔民参与祭拜。

二、组织开展民族民间艺术展演活动

2004年2月5日，岱山县文化广电新闻出版局在县文化广场举行了2004年元宵系列文化活动。岱山布袋木偶戏、唱新闻两个民间艺术形式在民间艺术欣赏角进行专场表演；岱山当地土特产东沙鼎和园香干、岱东沙洋花生、长涂倭井潭硬糕等传统手工制作食品在民间美食一条街展销；舞龙、舞狮、腰鼓、秧歌表演等项目在广场外围进行流动表演。

2005年6月，举行首届海洋文化节民俗文艺踩街活动、全国沿海省市渔歌邀请赛、第二届中国舟山渔民画艺术节、"蓬莱仙岛·浙江岱山"摄影展览、海洋文化主题灯会、中国灯塔博物馆开馆仪式、浙江省沙滩风筝赛、浙江省老年门球赛等八项大型群众文化活动，以现代文化体育形式传承并展示了渔民谢洋节民间艺术。

2009年6月17日，举行岱山民间民俗大巡游活动。海岛婚俗、儿童歌谣、渔歌号子、舞龙、马灯、高跷等众多岱山非物质文化遗产一展传统文化魅力。

2010年2月28日元宵之夜，在文化广场举行"非遗一条街"岱山传统表演艺术展演活动。木偶戏、唱新闻、评书、变戏法四个项目登台亮相，赢得数千名观众的欢迎。

第二届中国海洋文化节期间举办全国沿海省市渔歌邀请赛

海洋文化主题灯会

民间民俗大巡游

三、入选"非遗"名录

2006年6月开始,岱山县组织县内"非遗"保护工作者和民间文艺工作者,深入全县渔村,挖掘谢洋祭海民俗内容,并积极开展申报省级"非遗"名录的工作。2007年6月5日,谢洋祭海项目入选第二批浙江省非物质文化遗产名录。

2006年10月18日,岱山县人民政府公布首批县级非物质文化遗产名录32项,祭海(渔民谢洋)入选。

2008年6月8日,以岱山渔民谢洋祭海为基础的民俗项目"渔民谢洋节"入选第二批国家级非物质文化遗产名录。

2008年6月14日,舟山市文化广电新闻出版局公布第一批舟山市非物质文化遗产传承基地,岱山县海洋文化博物馆列为市级祭海项目传承基地。

2009年4月21日,岱山县机构编制委员会同意岱山县文化广电新闻出版局设立岱山县非物质文化遗产保护中心。

四、制订"岱山渔民谢洋节'八个一'保护方案"

为了科学、有序、有效地保护、传承国家级"非遗"项目,2011年,岱山县文化行政管理部门携同"非遗"保护部门制订了一项一案的"岱山渔民谢洋节'八个一'保护方案",即一个保护方案、一个专家指导组、一个工作班子、一个传承基地、一个展示平台、一套完备档案、一册普及读本、一项配套政策。

1. 一个保护方案

保护时间：本案实施时间为2011年至2016年。

保护内容：祭海习俗；祭海仪式；与祭海相关的环境、建筑、器皿及礼仪程序；代表性传承人。

保障措施：每年举行大型祭海仪式，传承祭海民间习俗；成立岱山县祭海工作小组，深入研究祭海习俗的历史、祭祀程序等，保护祭海环境（地点）、建筑、祭器及其他器材；出台县非物质文化遗产保护办法，评定岱山民间祭海项目传承人，并做好名师带徒的传承工作；做好祭海的文字、图片、实物等原始资料的搜集整理工作，并以志书和民间口述史为依据，规范祭海操作程序；在岱山后沙洋新建中国首座祭海坛，作为祭海的特定场所免费开放，开展民间祭海活动。

2. 一个专家指导组

成立专家指导组，由县内外民俗学专家、海洋文化名人、老渔民代表等组成。

3. 一个工作班子

建立一个负责实施保护工作的工作班子，成员由岱山县"非遗"保护中心、海洋文化博物馆工作人员共同组成；成立浙江省海洋文化研究会，并在岱山县设立秘书处，研究和传承包括祭海在内的岱山民间习俗。

4. 一个传承基地

设立岱山县海洋文化博物馆（海坛）为市级保护传承基地。

5. 一个展示平台

每年6月中旬，利用岱山中国海坛举行中国海洋文化节谢洋祭海大典。认真贯彻落实《浙江省非物质文化遗产保护工程实施方案》，新建渔民谢洋节非物质文化遗产展示馆，进一步展示祭海民俗的内涵；制作一套精美的渔民谢洋节"国遗"项目宣传画，在县城海洋文化展览中心及全县各乡镇巡展。

6. 一套完备档案

期盼渔民谢洋节的明天会更好

建立渔民谢洋节档案库，将相关文字、图片、音像制品、实物等搜集整理，分类归档，陈列展览。此外，根据浙江省非物质文化遗产信息化建设的总体要求，在今后五年内逐步建立岱山县"非遗"信息库，使"非遗"保护成果得到最大程度的共享。

7. 一册普及读物

完成浙江省第二批国家级"非遗"丛书《岱山渔民谢洋节》的编纂出版；完成"非遗"连环画《谢洋大典》。

8. 一项配套政策

岱山县委、县政府形成决议，建立全县海洋文化可持续发展机制；建立海洋文化专项经费专用制度；出台县内重点"非遗"项目保护政策，对优秀代表性传承人、名师带徒典型人物进行表彰、奖励或经济补助。

附录
岱山的民间信仰

　　岱山岛有段民谣："开门见大海，出门靠木船，船上一支橹，摇遍四海路。一橹摇到东，东海龙王是介凶，不让鱼虾进网筒；一橹摇到西，西母娘娘发脾气，刮风打暴淹田地；一橹摇到南，南海观音顶慈悲，烧香拜佛解难愁；一橹摇到北，北极仙翁也瞌毒，渔民喝点番薯粥。" 这段民谣讲述岱山岛的地理特征、人们的生活所赖以及渔民的苦难，同时也可以看到佛、道及本土神祇融合的信仰模式。

　　岱山民间信仰的多重性，与岱衢洋有着密切关系。清康熙二十七年（1688）"海禁"重开后，除原迁徙至陆上的岱山裔后代外，离岱山较近的宁波鄞县、慈溪、镇海、余姚及绍兴、台州等地渔盐民也移居岱山，垦荒捕鱼晒盐，将原住地的宗教文化带入了岱山；另外，浙江之外的苏、闽、沪二省一市的渔民于夏汛期间赴岱衢洋捕捞大黄鱼，也将他们的宗教文化传入岱山，于是形成了千姿百态的宗教信仰格局。在众多的信仰中，主要以龙与东海龙王信仰、陈稜信仰、佛陀与观音信仰、妈祖信仰、关帝信仰等为代表。

[壹]龙与东海龙王信仰

　　龙是古代神话中四灵之一，佛教有诸天龙王之说，道教亦信奉

供奉在龙王宫内的东海龙王雕像

龙王。当"国土炎旱，五谷不收，三三两两莫知何计"时，"元始天尊乘五色云来临国土，作大神通变现光明，与诸天龙王、仙童、玉女七千二百余

民间的龙体雕塑活灵活现

人，宣扬正法，普救众生，大雨洪流，应时甘润"。道书《龙王品》有五帝龙王："东方青帝青龙王，南方赤帝赤龙王，西方白帝白龙王，北方黑帝黑龙王，中央黄帝黄龙王。"四海龙王为"东方东海龙王，南方南海龙王，西方西海龙王，北方北海龙王"（《太上洞渊神咒经》卷一三）。又称"东海广德龙王，南海广利龙王，西海广润龙王，北海广泽龙王"（《道法会元》卷一〇〇）。《龙王品》还列有五十四个龙王名，如"日月龙王，星宿龙王，天官龙王，阎罗龙王，天人龙王，五岳龙王，山川龙王，井灶龙王，金银龙王，珍宝龙王，衣食龙王，官职龙王，国土龙王，州县龙王"等（《太上洞渊神咒经》卷一三）。又有"天神神龙王，地祇神龙王，国邦神龙王，府郡神龙王，宫殿神龙王，屋宅神龙王，天子神龙王，诸侯神龙王，县宰神龙王，家长神龙王，子孙神龙王，仁义神龙王，忠孝神龙王"等六十二个神龙王名（《太上洞渊神咒经》卷一七）。

东海青龙，又作"扶桑海底牝龙"，指离中真汞，为龙之弦气。《悟真篇》中云："华岳山头雄虎啸，扶桑海底牝龙吟。"又云："西山白虎正猖狂，东海青龙不可挡。两手捉来令死斗，化成一块紫金霜。"朱元育《悟真篇阐幽》："扶桑海是东海，为木位，数得三，龙本属阳，牝龙乃阳中之阴，盖言离中真汞，即木性也。"《悟真篇薛道光注》："扶桑者，东方日出之处，以象龙也。牝龙乃龙之弦气，阳中有阴，故号为牝龙也。"

在岱山民间，对于东海青龙王的来历倒没有多少故事流传，但百姓普遍认为应该供祭东海龙王。在历代小说、戏曲、曲艺作品中，东海龙王名敖广，岱山渔民习惯上称之为海龙王。有一首题为《抲鱼人得罪海龙王》的渔歌是这样唱的：

天苍苍来海茫茫，
抲鱼人得罪海龙王，
三月四月归勿得家，
急得白发泪汪汪。
求求龙王发善心，
救救苦命小儿郎。

民国前，岱山对龙的信仰相当普遍，以龙命名的庙宇、地名、山名、水名及各种关于龙的传说故事遍及全岛。

民国《岱山镇志·志山》记载，在岱山司基有"龙王宫"，大峧有

建于光绪年间的岱山西沙角龙王宫

岱山长涂岛龙王宫供奉的东海龙王塑像

岱山龙山庙门楼

岱东上船跳东海龙宫

小岛青龙庙

"龙山庙",寺岭墩西北为狗嘴哺岭,岭上有陆家峦庙,今改为"四海龙王殿",拷网山有"淡水庙"——所谓"淡水庙",其实就是向龙王求雨(即淡水)的神庙。

目前,岱山境内尚有高亭山外龙王宫、渔山龙王宫、后沙洋龙王宫四海龙王殿、上船跳东海龙宫、西沙角龙王宫、小岭墩四海龙王水晶宫、司基龙王宫、东沙四海龙王殿、长涂长西龙王宫、衢山四平龙王宫等十余处龙王宫殿。

《岱山镇志·志水》则记载了潭——"岱山龙潭":

> 岱山龙潭,依山之麓。其潭有三,相去数武,阔不寻丈,深不盈尺。祷雨投以尺书,则有蟹捧而入,间有状如鳗者跃出。或诚不能感,则既沈之书,复浮于水,云云。以上之说,见光绪厅志,录大德志。然不言在何处,今亦无考。近来,如遇天旱,祷雨则在南峰山、沙洋、青黑山三处。

关于龙神,岱山民间传说之最有名者,谓"沙洋棕缉老龙"。

在岱山岛,每当风暴来临之时,沙洋之沙滩的波涛会发出巨大的声响,人称沙洋老龙在吼叫了,风暴要来了。有一年八月半大潮汛,正碰着刮台风,天上乌风猛暴,海里滔天白浪,正在岱衢洋捕鱼的大小渔船逃得无影无踪。这时在岱山沙洋的海面上,有只大沙船

舟山定海小沙龙潭

岱山后沙洋龙王宫的棕绻老龙

也急忙躲进了岙内，抛下了用棕缉绳拴着的大铁锚。

大风刮了三天三夜，沙洋岙前的海塘被风浪冲坍了，亏得抛了双锚，总算船昹没拷糊，可是舵被打坏了，只好请木匠来修理。一直到八月底，才修理完毕。船上的人都急着想回家，趁晚上涨潮时拔篷起锚，准备开船。全船人齐心协力，先起上了前锚，起后锚的时候，那统锚像生了根一样，拉也拉不动，大家拉得黄汗直淋，衣服湿透了，手皮磨破了，还是拉不起来。莫非是铁锚钩住了暗礁岩？老大决定派人下去看一看。

一个水性特别好的伙计顺着锚缉潜到海底，睁眼一看，只见一个白胡须老公公坐在锚缉上。伙计吓得连忙浮出海面，爬上船告诉老大。老大听了将信将疑，又急着开船，只好叫伙计把锚缉砍断算了。

伙计拿起斧头，"咔嚓"一声，只见棕缉上冒出一股股红的鲜血，喷得伙计一头一脸，吓得半死。老大是个很有见识的人，他一面叫大家不要惊慌，在船上跪拜许愿；一面赶快拔篷开船，活奔介逃回家去了。

传说，这条棕缉绳在八月十六那天晚上入了月华，得道成了龙，坐在海底锚缉上的那个老公公就是棕缉龙的化身。从此，这条棕缉老龙就住在沙洋大塘前的海里，千百年来，一直保护着那条大海塘。每当大风暴到来前，这里就会发出"呜哇呜哇"的警报声，让附近几十里的百姓作好抗风防浪的准备。

　　在舟山本岛，龙王信仰也很普遍。清光绪《定海厅志·祀典》介绍了龙王祠及三位龙神：

　　　龙王祠，在天后宫东，每年六月初一日致祭，春秋二仲又合祀灌门、桃花、岑港龙神于祠内。

　　　灌门龙神。灌门去州两潮。屹乎中流有一砥柱，望之如人拱手而立。水汇于此旋涌若沸。舟行者必浮以物杀其势而后过焉。风雨将作，有声如雷，震惊百里。岁旱有所祷，则持铁篆以投之水，辄腾起

舟山民间九龙殿

舟山桃花岛上的龙女阁

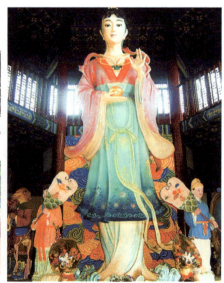

桃花岛上的东海小龙女塑像

雨随应。或者为蛟龙之窟宅。(《大德昌国州图志》)土人名为干硫潭。(康熙《定海县志》)同治十一年夏旱,署厅事陈乃瀚祈祷获应,详请封号,浙抚杨昌浚奏蒙,敕封"昭应"。每年六月初一日致祭。

桃花龙神。桃花潭在桃花山之腰,洞口瀑布冬夏不竭,欲雨先布云雾偏罩山顶。相传明时宁(宁波)旱,大嵩民人延巫航海。巫先行,遇一洞,信步直入,见老妪与一小女理发,束红绳以为饰,妪曰:"汝从何来?"巫指以告。妪叱之:"速回,迟则祸将至。"巫惧,急出,而洞已没矣,惟见偕来者,望潭拜祷,有一大龙,民感之,请于官,建宫立碑以祀。(康熙《定海县志》)今定例每年六月初一日致祭。

岑港龙神。岑港有龙洞,神甚灵异,其出入地方可得而知:竹叶向内,则龙在内,竹叶向外,则龙在外海。向有一人失足入洞中,云洞直通响礁门,洞内具干,复得出。万历二十六年,有施姓者因天旱祈祷无雨,愿舍身为一方请雨,随至龙洞口投下,继而尸即浮起,顷刻大雨如注。(《郡国利病书》)今定例每年六月初一日致祭。(康熙《定海县志》)

"天后宫东"之龙王祠,其地点在定海城内。

三位龙神,地点分散,灌门龙神位于定海与岱山之间水道的"砥柱"上,桃花龙神在桃花岛上,而岑港龙神在定海的岑港。

地方官员向龙神致祭,显然不可能一一去其地,故在龙王祠内作统一致祭,祭文为皇上钦颁:

维神德洋寰海，泽润苍生。允襄水土之平，经流顺轨；广济泉源之用，膏雨及时。续奏安澜，占大川之利涉；功资育物，欣庶类之蕃昌。仰藉神庥，宜隆报享。谨遵祀典，式协良辰。敬布几筵，肃陈牲币。

清同治十一年（1872），署定海厅事（即舟山的地方长官）陈乃瀚因"夏旱"向灌门龙神祈祷，"获应"——龙神与地方官之间有了看不见的互动，不用说是天下雨了，龙王答应了陈乃瀚的祈求。为了答谢灌门龙神，陈乃瀚经由浙江巡抚杨昌浚替龙神向皇帝奏请封号，最后皇帝同意敕封灌门龙神为"昭应"，并于每年农历六月初一日致祭。

朱绪曾在《昌国典咏》中为舟山的龙神作数首七绝：

泄　潭

潭底龙眠稳抱珠，一诗惊起润焦枯。

但存霖雨苍生愿，自有风雷腕下驱。

岱山龙潭

尺书大蟹捧双螯，雨跃灵鳗草木膏。

一纸浮沈谁折看，欲寻龟壳问卢敖。

菖蒲潭

竹叶披风内外敷，从龙云气不模糊。

为霖即是长生诀，愿采仙人九节蒲。

桃花龙潭

年年柔翰惭春蚓，欲学龙跳总未能。

输与桃花潭上女，赤绳一系即飞腾。

九节鳗潭

渊灵一例博封侯，笑尔屠龙技未优。

仙杖掷来成九节，依然化去葛陂游。

郑山龙潭

脱将尘垢浣清漪，怒触骊龙未睡时。

此谶欲徵天水碧，幻成蜥蜴漾金丝。

天童浦

舣舟策定吕忠穆，扈跸功归辛企宗。

安稳六龙巡海上，尖山合拜紫薇封。

谢龙王庙

草头生角石生鳞，噀雨嘘云变化神。

高会东溟谁主客，庞眉老叟紫衣人。

其他祭祀海龙王的活动有：

1. 样桄祭龙王

样桄是一种在海中定位渔网的标志杆, 顶尖及梢头留有竹叶或绑着棕榈叶, 插于渔网边的棕绳上, 杆子根部伸入礁子间固定, 出网时抛入海中, 上部漂浮在海面上, 以作记认。

样桄

祭祀在船舱中进行, 用猪头一只及少许荤素菜肴供奉。先恭请龙王入座, 再点香燃烛, 叩头敬酒, 许愿忏念, 神情肃穆, 举止虔诚。供祭过程中, 鼓乐阵阵, 鞭炮声声。

2、潮魂祭四海龙王

潮魂是渔民葬身大海后, 岸上的亲人呼唤其亡灵回家的一种习俗, 场面非常凄惨。

潮魂分追魂及招魂两种。追魂指的是为海上遇难但尸体归家者追回游魂, 由亲人到海边反复喊魂; 招魂的是指为海上遇难而尸体失踪者招回游魂, 在家中制一个稻草人代替遇难者身体, 穿上他生前的衣服, 在涨潮时由念道士和亲人到海边将亡灵招回。

民间相传, 凡葬身大海者, 必须在头七前的某一个夜晚进行潮魂仪式，招亡灵入肉身或替身，否则将永远成为野鬼，流落大海。

潮魂一般由民间职业念道士主持操作，程序规范。念道士在海边招魂前，先发檄给四海龙王，求龙王相助，寻找死者。所以就有祭

民间念道士及其部分法器

祀四海龙王的习俗。

潮魂在夜晚涨潮时于海边举行。仪式由念道士主持，死者亲属参与始终。潮魂前，念道士先在死者家中摆供品供祭，然后带领死者亲属至海边设祭台、摆供品。仪式开始，念道士身穿道袍，头戴道帽，手执拂尘，口中念咒。亲属皆跪在海边呼喊，其中一人手抱一公鸡。约四十分钟后，念道士领众人提着桅灯回家，亲属一路呼喊亡者名字或称谓。进入家门，将公鸡放在灵堂供桌上，视公鸡能否吃桌上的酒菜。若公鸡喝酒吃菜，证明招魂成功，反之则视作招魂失败，需重招一次。

[贰]陈稜信仰

隋代的陈稜带兵驻岱山岛，刑马祭海神，征琉球国，后世蓬莱岛百姓把他奉为海神。

民国年间在衢山岛出土的《大唐古程夫人墓志铭并序》中，有这样一段话：

以其年□□月二十五日窆于明州鄮县蓬莱乡岣山，山号于郭端埭，坟乙向，后□

陈稜东征琉球国木雕

峨峨之山，前临渺渺之水。东南三里有陈将军灵庙焉。正南二里道场，俗号东亭之寺。

唐代所记载的"陈将军灵庙"，在南宋的《四明图经》中有较详细的介绍：

岱山陈大王庙，在县北二百六十里。按：王名稜，姓陈氏，字长威，庐江襄安人。天资义勇，志在戡难，仕隋。高祖大业中，尝奉辞提师航涉海道，击琉球国，俘斩颇众。事见《隋史》。故其威赫誉震海上。今岣山有祠，号陈将军，即王之别庙也。皇朝端拱二年建，绍兴十七年重修。有记，进士施知微撰。

岱山的这座陈大王庙，据《四明图经》记载，其建于北宋端拱二年（989），与舟山置盐场的年份相同；但它的别庙陈将军庙，却见于唐开成三年（838）的《大唐古程夫人墓志铭并序》中。由此可见，陈大土庙在北宋端拱朝之前160余年时就存在了，端拱朝时大概是重修了一次。

南宋宝庆年间的《昌国县志》也记载有"陈大王庙"：

岱山庙在北海中。其神名稜，姓陈氏，字长威，庐江襄安人。隋

大业中,航海击琉球国,俘斩颇众。事见《隋史》。庙以端拱二年建,号陈将军庙。绍兴十七年重修,进士施知微记。岣山亦有祠。

之后在元代《大德昌国州图志·叙山》、明代天启年间《舟山志·庙祠宫》、清代康熙年间《定海县志·遗事》中一直都有记载。民国年间,汤浚所修的《岱山镇志》中有这样的文字:

陈君庙,在高亭大岙,即祀隋陈将军。咸丰二年居民掘河深丈许,得敕封英感灵济侯陈君木主并瓦钵一,民妇蒋氏循址募建庙三楹。

《岱山镇志·志社庙》:

镇英庙,在枫树墩鲤鱼墩。宋端拱二年(989)建,绍兴十七年(1147)重修,进士施知微撰记。明废。清初重兴。雍正十年(1732),潘仲茂募资重建。同治十一年(1872),庙东复增造二圣殿五楹。按:镇英庙,俗称总管庙,祀隋陈将军。谨案陈公,名稜,字长威,庐江人,为隋虎贲郎将。大业六年(610),奉诏征琉球,提兵出海。详《隋史·本传》。岱山有庙二,高亭陈君庙亦奉是神,岣山在唐时亦有陈将军庙。见程夫人墓志铭。今无考。想当日,陈公提兵出海,至岱山驻扎,民感其德,故立庙祀之。又刑马礁,亦系陈公遗迹。

另详古迹门。又闻鄞县东乡瞻岐地方亦有是庙,称岱山庙。相传洪武间,有枫树墩民人周杨二姓,因起遣去岱,船至半洋遇风,有木一株随于舵后,因祝曰:"木如有灵,能保平安,至彼岸即以此木雕神像祀之。"祝毕,风浪遂平。舟至瞻岐,即将此木雕神像,立庙祀之。其庙即名岱山庙,其神即陈将军。后因周姓族大分居,庙亦析而为二,在东者曰东岱山庙,在西者曰西岱山庙。鄞县董沛题云:自昌国东来到此,遂成原庙。看琉球北向,至今贡有自中朝,当时琉球尚属中国,今则已为东人夷为冲绳县矣,一叹!

《岱山镇志·余录·古迹》:

刑马礁,在岱山之东北。父老相传,昔隋骠骑将军陈稜奉命征流求国,领兵至此,刑马祭神。今之感应庙是也。

清道光年间,朱绪曾所著《昌国典咏》中的相关文字,则是从史书考证的角度讲述:

绪曾案:《隋书·列传》:"陈稜,字长威,庐江襄安人也。""炀帝即位,授骠骑将军。大业三年,拜武贲郎将。后三岁,与朝请大夫张镇周发东阳兵万余人,自义安镇泛海,击琉球国,月余而至。琉球人初见战舰，以为商旅，往诣军中贸易。稜率众登岸，遣镇周为先锋。其主欢斯渴剌兜遣兵拒战，镇周数（《隋志》作'频'）击破之。稜进至低没檀洞，其小主欢斯老模率兵拒战，稜击败之，斩老模。其日，雾雨晦冥，将士皆惧，稜刑白马以祭海神。既而开霁，分为五军，趋其都邑。渴剌兜率众数千逆拒，稜遣镇周为先锋（《隋志》作'又先锋'）击走之。稜乘胜逐北，至其栅，渴剌兜背栅而阵。稜尽锐击之，从辰至未，苦斗不息。渴剌兜自以军疲，引入栅。稜遂填堑，攻破其栅，斩渴剌兜，获其子岛槌，虏男女数千而归。帝大悦，进稜位右光禄大夫，武贲如故，（进）镇周金紫光禄大夫。"（前引号内文字系《隋史·陈稜》原文。）又云：大业三年，"帝遣武贲郎将陈稜，朝请大夫张镇周率兵自义安浮海击之。至高莘屿，又东行二日至鼊屿，又一日便至琉球。初，稜将南方诸国人从军，有昆仑人颇解其语，遣人慰谕之。琉球不从，拒逆官军。稜击走之，进至（其）都，频战皆败，焚其官室，虏其男女数千，载军实而还"。（引号内文字系《隋书·琉球国》原文）

岱山县境内的陈稜神庙在唐开成三年（838）已有记载，距今有1100多年了，其初建的年代当然更早，历代志书均有记载。陈稜神庙随着岁月变迁几经倾塌、几经修复，如今，陈君庙在岱山县高亭大岙修建一新，其庙会期为农历三月初一日。由此可见，岱山渔民对于海神陈稜的信仰世代相传，历久不衰。

[叁]佛陀与观音信仰

渔人认为，在无边无际的宇宙中，佛陀和观音无所不在。所以他们若在深海大洋里遇到灾难，一般都会在甲板上跪拜，口喊"大佛"或"观世音菩萨"，并且许愿——太太平平回家即对大佛或观世音祭拜。

在这种时候，渔人为什么不呼喊家乡庙宇里的神灵呢？这是因为在深海大洋里，这些神灵的神通似乎鞭长莫及了。

对于大佛，除了简单的全称"释迦牟尼佛"之外，似乎没有更详细的说法了。所以，"大佛"有时候与"天"、"老天爷"的概念重合在一起。

和其他神灵相比，渔人对于大佛的信仰似乎更虔诚、淳朴，甚至更简单。在渔村乡吞，一般来说没有供奉"大佛"的寺宇，因而也没有如对待地方神那般的祭祀活动和仪式。大佛是更神化、更神力无边、更无处不在的至尊至大至灵之神。但是在危急关头，渔人更多地向大佛许愿。危难过后，渔船拢洋，或者

普陀山观音大士像

岱山摩星山慈云禅寺

在"谢洋"期间，渔人会驾船去大佛的殿堂里还愿，感恩大佛。

　　观音寺庵遍布于海岛渔村，建寺庵都是民间所为，当然是人们虔诚的信奉之心所驱使。步入只有几十户甚至十几户人家的小海湾、小渔村，也能发现一座供奉观音的建筑物，以海滩之石为墙，里面没有装饰，但有观音像，简陋的祭台、香炉、烛架，周围都是烟熏的痕迹。

　　观音香会系佛教信徒为纪念观音诞辰、出家、成道之日而举行的隆重集会。每年农历二月十九日观音圣诞日、六月十九日观音成道日、九月十九日观音出家日，称普陀山三大香期，均举行隆重的观音法会。舟山群岛其他观音寺庵同时举办隆重集会，举行相关仪式典礼及焚香、诵经、祝祷活动，热闹非凡。

岱山扬帆出海的船只可分为两大类，其一是渔船，其二是运输船。船只在海上行驶，首要是安全；其次，对渔船来说是丰收，对运输船来说是"顺风"（兼有安全与发财两重意思）。运输船往往是商家所有，又称"商船"，是生意人家的工具。

每年春节，船家就要驾着船去普陀山"烧船香"。渔船往往邀集全船人马，集体而去；商船除召集全船人马外，还随带全家老少。

对捕鱼人来说，新船造好后，往往先驶往普陀山"烧船香"，并取得印有大红佛印或写有吉祥词语的旗幡悬挂于船上，以求平安、丰收。

近年，普陀山"观音跳"景区新建了30余米高的观世音菩萨金身——端立莲花台，面对浩渺东海，俯视千舟万轮，为"烧船香"者提供了朝拜之便利。

[肆]妈祖信仰

妈祖，亦称"天上圣母"、"天妃"、"天后"、"天后娘娘"。传说原名林默，为莆田宋都巡检林愿之女。生而灵异，能预言祸福，善治病救人。成年后漂泊海上，不知所终。北宋雍熙四年（987），乡人在其出生地湄洲岛山建庙祭祀，称妈祖庙（意近娘娘庙）。民

福建湄洲岛妈祖庙

岱山天后宫

间传说妈祖身着朱衣，于海上显灵，救人危厄。宋代以后，为沿海百姓供奉。宋徽宗曾特敕封其为"顺济夫人"，元世祖封其为"护国明著天妃"。遍设天妃庙，以保佑航运。明崇祯帝封其为"碧霞元君"。清康熙则封其为"昭灵显应仁慈天后"，列入国家祀典。明清以来，妈祖庙相继出现在东南亚、日本、朝鲜等地，其香火在台湾、香港尤盛。据载，郑成功收复台湾后，改荷兰人的基督堂为妈祖庙，当地人称之为"开台妈"。清代时，妈祖庙已遍及台湾岛，如今已多达410余座。农历三月二十三日和九月初九日分别为妈祖生日和升天日，这两日前往湄洲岛妈祖庙寻根祭祖者络绎不绝。

在舟山群岛，妈祖信仰十分普遍，其原因有二：其一，妈祖为海上显示神通之神；其二，妈祖信仰出于福建，来舟山捕鱼的福建籍渔民把妈祖信仰带到了舟山群岛。

明天启年间《舟山志》载：

> 天妃宫，在城外南三里。创于宋端平间。隆庆三年，参将梅魁重修之。
>
> 圣母宫，在沈家门内。附祀：都督戚，讳继光，号南塘；都督李，讳应诏，号念江；参将刘，讳（缺），号草堂；副总戎张，讳可大，号扶舆。俱肖像焉。

在民国《定海县志·军警》中记载有地方保卫团（相当于地方警察）所驻地址，22个保卫团竟有9个的驻地是妈祖庙。

金二庄平山团，驻天后宫；衢二庄团，驻天后宫；双合山团，驻天后宫；葫芦山团，驻天后宫；庙子湖团，驻娘娘宫；青浜山团（志书中驻地空缺，实际上的驻地也是青浜岛上的娘娘宫，此建筑在20世纪80年代末被毁）；东靖乡下庄团，驻林府庙（妈祖姓林，即天后宫）；大羊山团，驻天后宫；桃花庄团，驻西洋天后宫。

在《岱山镇志·志山》中，记载岛上有天后宫11座：

新道头一，燕窝山一，拷门一，南峰山二，蒲门二，山前一，司基一，冷岙一，高亭一。

清光绪《定海厅志·祀典》载：

天后宫，在南门外东山之麓，康熙间总兵蓝理创建，旁为八闽会馆。同治间，商民又创建福兴街，即保定会馆。神姓林氏，兴化莆田都巡君之季女，生而神异，能力拯人患难室居。未三十而卒。宋元祐间，邑人祠之。水旱疹疫，舟航危急，有祷辄应。元大德三年，以漕运效灵，封护国庇民明著天妃。延祐元年，封护国庇民广济明著天妃。天历二年，加封福惠。程端学撰《天妃宫记》。

国朝康熙二十三年，诏封天后。五十九年，奉旨春秋致祭，编入祀典。雍正十二年，诏府州县一体建庙奉祀，各官彩服将事，二跪六叩首，行三献礼。祭品：帛一、白瓷爵三、羊一、豕一、酒尊一、铏一、簠、簋各二，笾、豆各四。（《大清会典》）

恭录钦颁祭文，惟神菩萨现身，至圣至诚，主宰四渎，统御百灵。海不扬波，浪静风平，舟航稳载，悉仗仁慈。奉旨崇祀，永享尝蒸，兹属仲春秋，敬荐豆馨。希神垂庇，海晏河清。

[伍]关帝信仰

关帝，即关羽，又称"荡魔真君"、"伏魔大帝"。道教奉其为护法四天神之一。宫廷和民间信仰极为广泛，尊称为"关圣帝君"，简称"关帝"，俗称"关公"、"关老爷"。关帝信仰由三国时蜀国名将关羽衍化而来。自魏至唐，关羽在民间影响不大。唐时间或见传，称关三郎，为人鬼之流。宋以后，声名日彰，其身世渐趋神化。《三教源流搜神大全》称其为青龙转世，降生时竖眼攒眉，超额长面。及长，身高九尺五寸，须长一尺八寸，面如重枣，唇似抹砂，丹凤眼，卧蚕眉，力敌万夫。北宋末年，关羽始封为公（或谓封为真君），相传当时仅为张天师属下之神将。宣和年间（1119—1125）始封武安王，

配祀武成王姜太公。元时封王，即"显灵义勇武安英济王"。明初封侯。万历年间（1573—1619）封为"三界伏魔大帝神威远镇天尊关圣帝君"。妻、子皆得厚封，并辅以丞相陆秀夫、张世杰（二人系南宋末抗元殉国之大臣），以岳飞为元帅，尉迟恭为伽蓝（护法神）。至清代，尊崇更甚，视其为入关灭明之佑神。顺治帝封其为"忠义神武灵祐仁勇威显护国保民精诚绥靖祐赞宣德关圣大帝"。

明清以来，关帝信仰已不囿于教门，既列入国家祭祀要典，又为民间供奉之神。关圣帝君既是武神，又是财神，具有司命禄、佑科举、治病除灾、驱邪辟恶、诛罚叛逆、巡察冥司、庇护商贾、招财进宝之职能，法力无边。尤其清代，关帝成为人神之首，称为武圣，与文圣孔子比肩，而民间各行各业对其顶礼膜拜又甚于孔子。近代哥老会、青红帮特别敬祀关帝，江湖上结义弟兄，亦必于关帝前顶礼膜拜，焚表立誓。

在岱山，关帝又是保佑渔人的船神——"船关老爷"（亦称"船官老爷"）。有的渔船同时供奉"船菩萨"（妈祖）和"船关老爷"（关帝）。就地位而言，"菩萨"要高于"老爷"；就与渔民的距离而言，关帝也许更贴近渔民生活，因为团结、仁义、忠诚种种关帝的属性，更为渔民所推崇。

清光绪《定海厅志·祀典》载：

关圣庙，在厅治南一里，康熙间文武官同建。雍正五年部颁礼物悉如文庙，追封曾祖光昭公、祖裕昌公、父成忠公祀于后殿，礼物如崇圣祠，春秋二仲致祭。惟五月十三日用牛羊豕各一，帛一，果品五，后殿不用牛，余同。岁凡三祭。咸丰四年升为中祀，加封三代光昭王、裕昌王、成忠王。

[陆]其他海神信仰

在岱山渔民信仰的其他神灵中，还有财神、羊府大帝、张老相公、财伯公、岳飞等，多数是地方神。

一、财神

财神，其实也是保佑多打鱼即捕捞丰收的神。船上供的财神，一般为七八寸长的木雕小菩萨。供祭财神的日期，在端午节前即农历五月初至第三汛黄鱼捕捞将结束时。船一般在四月二十七、二十八日出洋，出洋前，渔人们预先买了肉，放在冰舱或盐舱内保鲜，以备供祭时用。

财神殿门楼

财神殿

二、羊府大帝

羊府大帝是舟山渔民的保护神，有

"舟山的妈祖"之说。岱山东沙镇铁板沙修有羊府宫，始建于清乾隆二十年（1755），嘉庆二十三年（1818）增建，道光二十三年（1843）重修。其身世传说不一，有唐代今宁波辖区的地方长官之说，有西晋大将羊祜之说，也有渔老大之说。

东沙羊府宫的《羊府宫简历》："相传乾隆年间，岱山有位姓羊的船老大，在海上救人无数，他死后被玉帝封为海神，并册封为'羊府大帝'，掌管海上生死，百姓念其生前广积阴德，就募资为其立祠。"无论如何，羊府大帝在渔民心中拥有很高的地位。

东沙羊府宫内立有石碑两块。一块是"渔汛禁约"碑，立于清道光二十三年（1843），上刻十条禁约，概述了张网作业时应遵守的乡规民约。另一块是"理民府勒石"碑，清光绪

羊府宫"渔汛禁约"碑

东沙羊府宫正门

十二年（1886）立，是定海直隶厅理民府告示岱二庄民众，规定海上作业时如遇不测，船主与船工之间如何理赔等事宜，是岱山境内现存三块关于海难事故处理的碑刻之一。

清至民国期间，东沙是渔业重镇，无论岱山、舟山渔民还是宁波奉化、象山、台州渔民，以及江苏、福建的渔民，都有到东沙羊府宫进香祈祷的传统。

三、千里眼、顺风耳

千里眼与顺风耳是渔民心目中具有特异功能的两位神灵。相传他们为兄弟俩，是侍奉在妈祖娘娘身边的两个徒弟。千里眼的神通为眼观千里，能看透一切，比如航道险阻、海底鱼群等；顺风耳的神通则是耳闻八方，闻声辨事，如风暴来临等。一般供奉在"船菩萨"（妈祖娘娘）两旁。

四、财伯公

财伯公即普陀东极庙子湖岛上燃篝火为渔船导航的陈财伯。

舟山民间有一首渔谚："青浜庙子湖，菩萨穿笼裤；黄兴东福山，菩萨穿背单。"这位穿笼裤的菩萨，就是财伯公。

相传财伯公是福建的老渔民，一次在中街山渔场捕鱼，突然遇到风暴，一个巨浪把渔船掀出数丈，撞在一块礁石上。船碎人落水，财伯双手抱住一块舱板，随浪漂到庙子湖的海滩上。他挣扎着爬上小岛，才算避免葬身鱼腹。第二天夜里，风越刮越猛，财伯想到海上渔民黑夜驶船，多么盼望有点亮光指引航向啊！他不顾饥寒病痛，支撑着身子爬上山顶，捡来茅草枯柴，用火点着，亮起了火光。就这样，每当起风打暴时，他就点起火堆，引导航向，不知救了多少渔民。为此，大家都很感激他。可是，有一个风暴黑夜，岛上的火光突然熄了，几个渔民上岛一看，只见财伯躺在一堆刚熄灭的柴灰旁，手里还抱着一束茅柴，人已经死了。人们为了纪念他，在岛上造了一座小庙，塑了一个穿笼裤的渔民菩萨。

五、岳飞

岳飞是南宋时抗金名将，孝宗时谥"武穆"，宁宗时封"鄂王"。他的事迹家喻户晓，人们奉其为神，修庙祭祀。《普陀洛迦山志》（1999年版）所载天风的《普陀游记》中说到渔民的信仰——沈家门"渔舟千艘，聚泊如云，俱揭岳武穆王令旗，浙人崇拜鄂王，即此可见"。这里说的就是渔民对岳飞的崇信。

六、其他

湖里老大：东钱湖渔民出身，舟山人海洋捕鱼的鼻祖。

安海神爷：镇海县一位勇斩蛇妖的安姓知县。

鲁班：木匠的祖师爷，造船能手，在船上供奉他，可保证船的安全。

杨甫老大：捕鱼能手。

张老相公：捕鱼能手。

参考书目

1. 民国《岱山镇志》

2. 民国《定海县志》

3. 宋乾道《四明图经》

4. 宋宝庆《四明志》

5. 孙绰《天台赋》

6. 元大德《昌国州图志》

7. 《唐书》

8. 清光绪《定海厅志》

9. 《文史天地》

10. 《岱山县志》

11. 《象山东门岛志略》

12. 明天启《舟山志》

13. 《隋书》

后 记

在本书的编写过程中，我们走访了岱山渔村，乃至黄泽、小衢、鼠浪、秀山、长涂诸岛；走访了普陀渔村，乃至青浜、庙子湖、黄兴、东福山、白沙岛、鲁家峙岛、桃花岛及桃花女龙龙潭；走访了嵊泗渔村，乃至嵊山、枸杞、花鸟、壁下、洛华、黄龙和大、小洋山诸岛；也走访了定海渔村，乃至金塘、大鹏、长白、摘箬山、小柜岛以及狭门、岑港诸龙潭……在访问诸多谢洋祭海传人的同时，也访问了诸多渔歌、渔民号子的传人，获益匪浅。

由于本书篇幅有限，诸多生动的调查资料，我们将在其他类似题材的专著中作较详细的介绍。

本书从起稿至完稿，历时三年，其间得到了王淼、邱平海、吴凯丰等先生的支持与帮助，表示衷心的感谢。

感谢象山的丁连爵先生赠送他的专著——珍贵的《象山东门

岛志略》，感谢蒋卫扬先生寄来象山的民国志和渔业志。

　　书中的相当部分照片，是我们历年来在岛山渔村走访期间和工作间隙所摄，有的画面已成历史，这些或许能补充文字表达的不足。但愿这些谢洋节的重要画面，能让读者在阅读文字时品赏海山风貌，产生身临其境的感觉。感谢叶文清、林通屿、何仁岳、胡祖刚、符鸿雁、沈磊等先生提供了许多宝贵的摄影作品，为本书添彩。

　　我们认为，渔民的谢洋活动是地域广阔、内容纷繁而又细致的风情巨幅——这是本书所有文字的力度与深度所远不能及的，在此恳请行家不吝赐教。

笔者

2013年9月

责任编辑：张　宇

特约编辑：张德强

装帧设计：任惠安

责任校对：王　莉

责任印制：朱圣学

装帧顾问：张　望

摄　　影：张　坚　邱宏方　叶文清　林通屿
　　　　　何仁岳　胡祖刚　符鸿雁　沈　磊

图书在版编目（ＣＩＰ）数据

岱山渔民谢洋节 / 张坚, 邱宏方编著. — 杭州：浙江
摄影出版社，2014. 11（2023.1重印）
（浙江省非物质文化遗产代表作丛书 / 金兴盛主编）
ISBN 978−7−5514−0753−3

Ⅰ.①岱… Ⅱ.①张… ②邱… Ⅲ.①节日—风俗习
惯—介绍—舟山市 Ⅳ.①K892.1

中国版本图书馆CIP数据核字(2014)第223609号

岱山渔民谢洋节

张　坚　邱宏方　编著

全国百佳图书出版单位
浙江摄影出版社出版发行
　　　　地址：杭州市体育场路347号
　　　　邮编：310006
　　　　网址：www.photo.zjcb.com
制版：浙江新华图文制作有限公司
印刷：廊坊市印艺阁数字科技有限公司
开本：960mm×1270mm　1/32
印张：5.75
2014年11月第1版　　2023年1月第2次印刷
ISBN 978−7−5514−0753−3
定价：46.00元